Couverture inférieure manquante

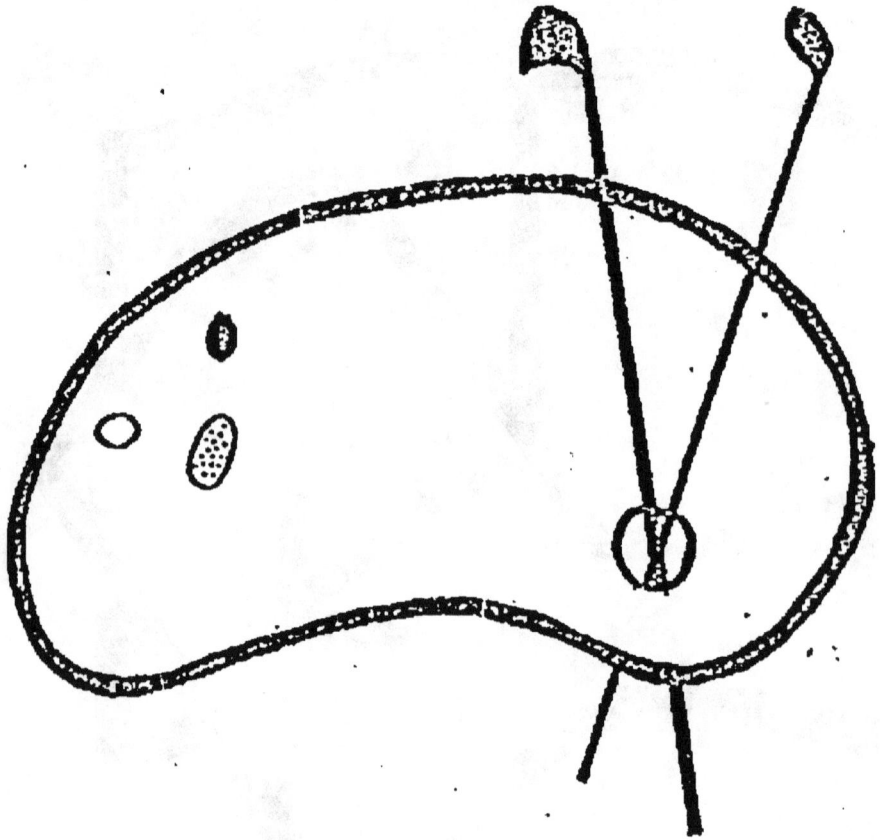

DEBUT D'UNE SERIE DE DOCUMENTS
EN COULEUR

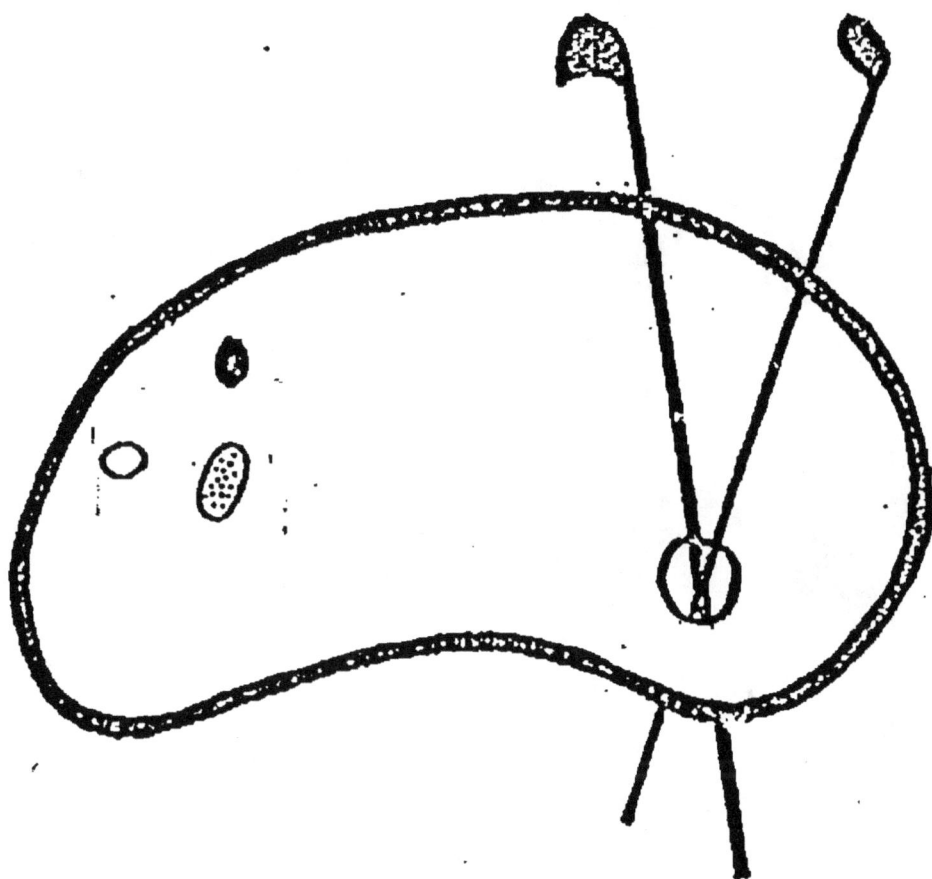

FIN D'UNE SERIE DE DOCUMENTS
EN COULEUR

RÉÉDUCATION PHYSIQUE
ET PSYCHIQUE

PRINCIPALES PUBLICATIONS DE L'AUTEUR

Néphrite des Saturnins, in-*Œuvre médico-chirurgicale*,
   n° 13, chez Masson, 1899.
Hygiène publique et privée, par J. Rosenthal, (*Traduit de l'allemand*), chez Manceaux, Bruxelles, 1890.
Manuel de Propèdeutique, 3° éd., id.   id.   1906.
Angines glanduleuses, chez Rueff, 1898.
Suggestion et guérison de Lourdes, chez Bloud, 1908.
Éducation de la Volonté et Psychothérapie, chez
   Bloud, 1907.

BIBLIOTHÈQUE DE PSYCHOLOGIE EXPÉRIMENTALE
ET DE MÉTAPSYCHIE

Directeur : RAYMOND MEUNIER

Rééducation physique et psychique

PAR LE

Dr H. LAVRAND

Professeur aux Facultés libres de Lille.

PARIS
LIBRAIRIE BLOUD & Cie
7, Place Saint-Sulpice, 7

1909

Bibliothèque de Psychologie expérimentale et de Métapsychie

Directeur : RAYMOND MEUNIER

La *Bibliothèque de Psychologie expérimentale et de Métapsychie* s'adresse aux professeurs, aux médecins, aux étudiants et au public cultivé qu'elle renseignera sur les données acquises par la science contemporaine dans le domaine psychologique et psychique. Ces données sont aujourd'hui assez nombreuses et assez solidement établies pour qu'il ait pu paraître opportun de les faire connaître en dehors du monde encore restreint des travailleurs de laboratoire et des spécialistes. Ceux-ci trouveront d'ailleurs, parmi nos monographies, une série de mises au point utiles à leurs recherches et des exposés personnels de questions moins étudiées et plus théoriques. Nous pensons qu'ils porteront intérêt à cette nouvelle publication si nous en jugeons par l'accueil empressé qu'ils ont fait dès l'abord à notre projet.

Les volumes de notre collection se répartiront en trois groupes.

Le premier groupe constituera une série historique. Les diverses sciences psychologiques, encore qu'elles aient pris depuis un temps relativement court le caractère expérimental qui est celui sous lequel nous nous proposons de les envisager spécialement, ont derrière elles un long passé. Il est donc indispensable de les exposer, en quelque sorte « génétiquement ». Ce point de vue s'impose tout particulièrement pour certaines questions qui de près ou de loin, se rattachent à ce que les psychologues contemporains désignent sous le nom de « métapsychie ». Les recherches occultes, les problèmes qu'ont englobés tour à tour la magie, le spiritisme et la théosophie, du moins dans la forme merveilleuse où l'imagination se les représentait, exigent une interprétation historique.

Dans le second groupe seront traitées « les grandes questions psychologiques ». Par là nous entendons les problèmes d'un ordre général dont on trouve l'exposé dans les Manuels de philosophie, et que nous nous proposons d'étudier selon la méthodologie scientifique à laquelle on doit le renouvellement des sciences psychologiques.

Enfin notre troisième groupe, le plus important, sera consacré à l'examen des problèmes spéciaux de psychologie et de métapsychie. Par psychologie, nous entendons la psychologie normale, pathologique, ethnique et comparée. Quant à la Métapsychie, nous entendons par ce terme l'ensemble des sciences métapsychiques telles que M. Charles RICHET les a présentées au Congrès de Rome (1906).

Ajoutons que certains volumes de la collection pourront appartenir à deux de ces groupes ou aux trois ensemble. Il s'agit donc plutôt ici d'indiquer les directions dans lesquelles nous nous proposons de nous engager que de tracer dès maintenant un plan limitatif de chaque volume ou de circonscrire définitivement notre domaine.

En résumé l'ensemble de la collection formera une sorte d'*Essai synthétique sur l'ensemble des questions psychologiques et des problèmes qui s'y rattachent*. No-tre but sera atteint si l'effort de compréhension psycho-logique qui caractérise notre époque s'y trouve ex-primé.

~~~~~~

Volumes parus :

I. — N. VASCHIDE, Directeur-Adjoint du laboratoire de Psychologie pathologique de l'École des Hautes-Études. — **Les Hallucinations télépathiques.**

II. — Dᵣ Marcel VIOLLET, Médecin des Asiles. — **Le Spiritisme dans ses rapports avec la folie.**

III. — Dᵣ A. MARIE, Médecin en chef de l'Asile de Villejuif, Directeur du laboratoire de Psychologie pathologique de l'École des Hautes-Études. — **L'Audition mor-bide.**

IV. — Princesse LUBOMIRSKA. — **Les Préjugés sur la folie,** avec une préface du Dᵣ Jules Voisin, Médecin en chef de l'Hospice de la Salpêtrière.

V. — N. VASCHIDE, Directeur-Adjoint au laboratoire de Psychologie pathologique de l'École des Hautes-Études et Raymond MEUNIER, Chef des travaux au même la-boratoire. — **La Pathologie de l'Attention.**

VI. — Henry LAURES. — **Les Synesthésies.**

VII-VIII. — Raymond MEUNIER, Chef des travaux au la-boratoire de Psychologie pathologique de l'École des Hautes-Études. — **Le Hachich,** *Essai sur la Psychologie des Paradis éphémères.*

IX. — Dᵣ Henri BOUQUET. — **L'Evolution psychique de l'enfant.**

X. — Drs A. MARIE, Médecin en chef de l'Asile de Ville-juif et R. MARTIAL, Chef des travaux du laboratoire d'hygiène ouvrière. — **Travail et Folie ;** *Influences professionnelles sur l'étiologie psychopathique.*

XI. — L. P. ALBER. — **De l'Illusion ;** *Son mécanisme psycho-social,* avec une préface de RAYMOND MEUNIER.

XII. — Dr. A. MARIE, Médecin en chef de l'Asile de Villejuif. — **Les Dégénérescences auditives.**

En préparation :

Dr LEGRAIN, Médecin en chef de Ville-Evrard. — **Les folies à éclipses.**

Professeur BAJÉNOFF (de Moscou). — **La Psychologie des condamnés à mort.**

Dr ZIEM. — **Les Sommeils morbides.**

RAYMOND MEUNIER. — **L'Abstraction chez les enfants.**

Dr A. MARIE. — **Précis de Psychiâtrie.**
— **Crimes et Châtiments.**

N. VASCHIDE. — **Le Sentiment musical chez les aliénés.**

Dr MARCEL VIOLLET. — **La Peur morbide.**
— **La Satisfaction.**
— **La Joie.**

Dr JULES VOISIN. — **L'Enfance anormale.**

Dr ARTAULT DE VEVEY. — **La Méthode en Psychologie comparée.**

ALEXANDRE ORESCO. — **Peuples oppresseurs et Peuples opprimés.** *Essai de psychologie sociale.*

Dr M. RABAND. — **La Peur chez les enfants.**

Dr X.... — **La Psychologie du Schintoïsme.**

SEYMOUR DE RICCI. — **La Psychologie du collectionneur.**

RÉÉDUCATION
PHYSIQUE ET PSYCHIQUE

INTRODUCTION

La thérapeutique subit, depuis quelques années, une évolution des plus remarquables. Autrefois, tout empirique et bornant son action à
combattre les symptômes, elle s'est élevée peu à
peu à répondre aux indications rationnelles.
Ainsi, dans les maladies infectieuses, on ne son-
geait, au début, qu'à faire de l'antisepsie interne; on s'efforçait, obéissant à des idées sim-
plistes, d'atteindre directement l'ennemi; le
traitement voulait être causal. Bientôt, l'observation et l'expérimentation, poussées plus avant,
nous ont *appris à connaître* les phénomènes de
défense organique, tels que la phagocytose, les

1

états bactéricides et antitoxiques. Dès lors, au lieu de poursuivre le microbe par des agents susceptibles d'énerver, en même temps, l'activité nutritive organique et, par là, d'amoindrir probablement l'éfficacité de la lutte défensive, on s'est adressé à des moyens capables de soutenir, de renforcer la résistance de l'organisme, afin de lui permettre de lutter victorieusement contre l'ennemi. C'est ainsi que la *sérothérapie*, avec les sérums, a remplacé avantageusement l'antisepsie médicamenteuse interne.

Autre exemple de cette évolution progressive. La découverte des antithermiques semblait favoriser l'opinion de ceux qui voyaient, dans le symptôme élévation anormale de la température, le danger de la fièvre, ou du moins leur fournissait une arme, dont ils se sont empressés d'user et d'abuser. Mais l'abaissement du degré thermique n'a pas suffi toujours à améliorer les malades, quelquefois bien au contraire. Il est une expérience bien connue qui éclaire cette affirmation. Prenons deux lapins et inoculons à tous deux la même dose d'une culture septicémique. L'un d'eux est abandonné à lui-même; chez l'autre, on abaisse la fièvre réactionnelle, par des badigeonnages gaïacolés. L'animal non traité survit, ou meurt beaucoup plus tard que le gaïacolé. Il semble que l'antithermique a affaibli sa force de résistance vis-à-vis du virus injecté. L'hyperthermie, en effet, n'est qu'un indice, qu'une manifestation extérieure de ce qui se passe au dedans, elle ne constitue pas toute la maladie, bien loin de là. Ainsi la quinine abaisse peu ou pas la température d'un typhique et agit efficacement contre la fièvre paludéenne, car elle joue le rôle d'un spécifique et non pas d'un simple antithermique. Tel le salicylate de soude, qui se montre antirhumatismal et, à ce titre, abat la fièvre seulement dans le rhumatisme aigu. Ces médicaments, entre autres, exercent donc une action spécifique; ils répondent à une indication rationnelle et non plus banale. Il y a là progrès évident.

La pathologie du système nerveux a bénéficié largement de cette manière nouvelle. La physiologie pathologique de ces affections a été beaucoup étudiée et la séméiologie ou correspondance entre les lésions et les symptômes est devenue plus exacte. On comprend mieux dès lors que les fonctions de relation auxquelles préside le système nerveux, puissent être développées, perfectionnées par l'éducation. En outre, nous savons qu'une fonction, supprimée par une lésion, trouve parfois une suppléance dans son voisinage; nous avons appris, surtout, qu'une fonction très amoindrie, empêchée à la suite d'une altération des-

tructive incomplète, peut être rétablie plus ou
moins entièrement par une *rééducation fonctionnelle*, permettant de rappeler au fonctionnement les éléments anatomiques survivants et
même d'amplifier les services qu'ils nous rendent
à l'état normal.

Par des méthodes convenables, il est donc
permis de tenter l'éducation des fonctions, pour
les rendre plus parfaites si elles sont rudimen-
taires, plus régulières si elles ont dévié. Que les
altérations fonctionnelles consistent dans un arrêt de développement, dans une régression ou
dans un défaut d'adaptation au but à atteindre,
peu importe; dans certains cas, on fera *l'éducation de la fonction*, dans d'autres, on fera *la rééducation*. L'éducation, nous en constatons les
résultats chaque jour, est donc parfaitement
réalisable; nous en dirons autant de la rééducation, soit que la fonction abolie ou simplement
troublée se récupère, soit qu'il y ait suppléance
développée par éducation d'un centre voisin. Des
paralytiques, atteints d'aphasie ou perte de la
possibilité d'exprimer leurs pensées par des mots,
ont retrouvé cette fonction, grâce à la suppléance par un centre cérébral symétrique ou grâce
à l'éducation du centre langage troublé dans son
physiologisme : ces résultats ont été obtenus par
des exercices patients et bien conduits.

Les sourds-muets, instruits par des hommes dévoués et charitables, apprenaient autrefois à traduire leurs idées par des signes réalisés avec l'aide des doigts. Aujourd'hui, nous savons qu'ils sont muets parce qu'ils sont sourds; si donc on s'adresse à d'autres sens que l'ouïe pour leur enseigner l'articulation des mots, ils devront parler; on a réussi, en effet, à les démutiser et à leur permettre de comprendre la parole par la lecture sur les lèvres de leur interlocuteur.

Nous voyons, par ces quelques exemples, que l'éducation et la rééducation ne sont pas des chimères, qu'elles constituent des moyens, bien plus, des méthodes devenant de plus en plus scientifiques et susceptibles de rendre des services considérables à une foule de malheureux. Cette étude vaut donc la peine qu'on s'y arrête; aussi nous proposons-nous d'analyser ce que l'on entend par rééducation, en partant de ce que l'on connaît sous le nom d'éducation : les procédés, les méthodes sont les mêmes; dans un cas, il faut retrouver ce qui a été perdu, réparer ce qui a été endommagé; dans l'autre, on développe ou perfectionne ce qui est ou est resté rudimentaire.

Nous voudrions, comme on l'a dit, « que les médecins philosophassent et que les philosophes médicinassent » mais à la condition que les psy-

chologues associent à l'introspection pure l'observation physiologique et clinique puis l'expérimentation au laboratoire, et qu'ils étudient
l'enfant et l'adulte, l'homme sain et l'homme
malade.

Par ces recherches diverses, on compare, on
contrôle les acquisitions réalisées ; on assiste encore à la naissance ou au développement, à l'évolution des phénomènes psychologiques et aussi à
leur perversion, à leur amoindrissement morbides et séniles. Cette méthode vraiment scientifique est la seule profitable à la médecine et à la
psychologie.

PREMIÈRE PARTIE

NOTIONS PSYCHOLOGIQUES

L'éducation, telle qu'on l'entend habituellement, a pour but de diriger les opérations psychiques, d'en assurer, préciser et étendre le fonctionnement ; elle a également à s'occuper des
actes moteurs, elle les prend à leur origine, à
leur apparition, les guide, préside à leur répétition, afin d'en rendre l'exécution plus facile et
plus rapide en les transformant en habitudes,
c'est-à-dire en actes automatiques ; les opérations sensorielles et les fonctions organiques
rentrent également dans ce cadre.

Nous aurons donc à étudier rapidement les
opérations psychiques, c'est-à-dire à résumer
certaines données psychologiques se rapportant
à l'influence réciproque du moral et du physi-

que : le moral, c'est tout ce qui dépend de l'âme (ψυχη, psychologie); le physique se réfère à tout ce qui provient du corps (physiologie), c'est-à-dire la matière unie à l'âme pour former l'homme.

Descartes a rompu l'unité substantielle de l'homme; il lui a substitué un dualisme contre nature, corps et âme; cette manière de voir a rendu nécessaires des hypothèses telles que l'harmonie préétablie, les causes occasionnelles, les médiateurs plastiques, l'influx physique.

Les physiologistes, quand ils ont voulu s'occuper de l'homme, n'ont plus eu devant eux qu'un corps; pour expliquer la vie, ils ont été obligés d'imaginer le principe vital : la vie, pour eux, résultait du seul mouvement de la matière. Partant du dualisme cartésien, on était donc arrivé au matérialisme, durant le XVIIIe siècle. Le seul moyen capable de rétablir l'accord entre la physiologie et la psychologie, c'était de remettre en honneur l'antique théorie de l'unité substantielle de l'homme, en la fortifiant des récentes découvertes dans les sciences naturelles. En résumé, dans l'homme, il faut considérer l'âme raisonnable, principe informateur et vivificateur de la matière organisée; et le physiologiste verra en lui, non pas un automate, mais un organisme animé, car l'homme possède la triple vie végétative (assimilation), animale (sensibilité et motilité), angélique (intelligence rationnelle); s'il n'a pas les formes innées de la connaissance, il possède toutes les facultés de l'acquérir par l'abstraction des choses sensibles.

L'âme unie au corps constitue le composé humain, et cette unité est une véritable unité *personnelle*. « Quand nous disons *moi*, ce mot exprime l'intime conviction que nous avons tous de notre existence propre et individuelle. Soit qu'il produise un acte, soit qu'il subisse une impression ou passion, chacun de nous se regarde invinciblement comme le seul et même principe de ce qu'il fait ou éprouve ou, en d'autres termes, chacun sent en soi-même une véritable unité personnelle. Cependant, cette unité personnelle ne résulte ni de l'âme seule, ni du corps seul, mais de l'union de ces deux éléments [1] ». L'homme est formé ainsi de deux natures réunies, mais non confondues.

On ne saurait objecter que le corps appartient à la personnalité humaine, seulement en tant qu'il sert d'instrument à l'âme. S'il est vrai que le corps fournit à l'âme les organes nécessaires à certaines de ses opérations, il faut cependant reconnaître qu'il est uni substantiellement avec elle.

1. P. Liberatore. *Du Composé humain.*

« De fait, le corps par lequel je me meus, la plume avec laquelle j'écris, sont deux instruments pour moi. Mais quelle différence de l'un à l'autre ! L'union que j'ai avec ma plume ne consiste qu'en ce que je l'emploie pour une action qui, sortant de moi, passe en quelque façon par la plume avant d'être reçue sur le papier, où elle vient se terminer. Je puis donc attribuer cette action soit à moi, soit à la plume. Je puis dire : j'écris, et dire : la plume écrit. Mais... si la plume venait à se gâter ou à se briser, je ferais rire si je disais : je me suis gâté ou je me suis brisé... Il n'en est pas de même de mon corps. Non seulement je peux m'approprier ses actes et dire : Je marche, si le corps marche, je tombe, si le corps tombe... Je peux dire (encore) : Je suis étendu, je suis composé de membres, je vieillis, toutes choses qui sont qualités et changements propres au corps ». (Liberatore). En revanche, je ne saurais m'exprimer ainsi : mon corps va se promener, mon corps mange, et le reste.

Les actes de la sensation n'appartiennent ni à l'âme seule, ni au corps seul, mais au corps animé ou à l'âme incorporée. Les organes reçoivent l'impression ; par exemple, l'oreille est ébranlée par un son, les vibrations sont transmises jusqu'aux cellules de l'écorce cérébrale ;

là, il se produit une opération qui a pour but
d'agir sur l'âme; c'est alors seulement que l'on
peut parler de sensation auditive. Si une personne parle dans un appareil téléphonique, le
son arrivera jusqu'au récepteur auquel cet appareil est relié, mais il ne se produira un résultat utile que si une personne applique son oreille
à ce récepteur; les sons transmis ne se transfor-
meront en sensations, c'est-à-dire en phénomènes psychiques, qu'à cette condition, sinon ils
demeureront à l'état de simples vibrations physiques. Supposons un corps privé d'âme, un cadavre, le phénomène de l'audition n'aura pas lieu,
le sujet n'entendra pas. La sensation résulte donc
bien d'actes accomplis par le composé. Enfin, on
ne saurait soutenir que le corps seul reçoit les
impressions venant de l'extérieur, ou des objets
sensibles, et qu'il les transmet à l'âme dans le
cerveau, car la conscience nous apprend que les
impressions se produisent, non dans le cerveau,
mais dans les organes, chacun recevant la ou les
impressions qui lui sont propres; or, on ne com-
prendrait pas qu'un esprit ressentît les impressions localisées dans les organes du corps sous
forme de choc et de mouvement; l'esprit pur ou
isolé ne saurait être impressionné par les vibrations mécaniques qui lui sont totalement étrangères. La seule solution admissible, c'est l'u-

nion substantielle de l'âme avec le corps. La simple juxtaposition de deux éléments n'explique pas les phénomènes dont l'homme est à la fois l'agent et le patient, comme nous venons de l'indiquer.

L'association, pas plus que l'harmonie préétablie, ne satisfont l'esprit ; il y a forcément une union plus étroite qu'entre la barque et le nautonnier, qu'entre la monture et son cavalier.

L'âme intellectuelle, dans l'homme, s'unit au corps comme sa forme substantielle. « Sous le nom de *forme*, il faut entendre un principe qui communique l'être au sujet auquel il s'unit ; sous le nom de *forme substantielle*, il faut entendre un principe qui communique l'être substantiel à ce même sujet. Pour que l'âme humaine puisse être forme substantielle du corps, il faut qu'elle lui soit unie de manière à produire en lui l'être substantiel ». (Liberatore.)

Le *principe vital* ne peut se connaître que par voie de déduction. c'est-à-dire par ses effets ; cette connaissance est conforme à la science humaine. Dans l'animal, le principe de la vie sensitive est identique au principe de la vie nutritive, car l'animal est un seul être vivant, l'unité ne pourrait pas plus être mise en doute chez lui que chez l'être humain. Si l'homme est un, son

principe vital ne peut être qu'unique; il serait
dès lors facile d'établir que, si dans l'animal le
principe de la vie végétative est identique à
celui de la vie sensitive, dans l'homme, il doit
se confondre avec celui de la vie intellectuelle,
car la conscience nous révèle que la sensation
et l'intellection dérivent d'un seul et même
principe. L'unité de l'être humain, le témoignage
du sens commun et la dépendance mutuelle des
facultés, suffiraient à le démontrer.

L'homme est *intelligent;* nous nous bornerons
à accepter le témoignage que nous en fournit la
conscience. Mais cette intelligence n'est pas in-
tuitive, elle procède par voie de déduction; elle
raisonne, elle est donc discursive et n'arrive à
connaître le vrai que peu à peu, avec peine, avec
labeur. Aussi a-t-on le droit de dire que l'homme
est un animal raisonnable : dans la psychothérapie rationnelle, nous faisons usage de cette faculté raisonnante pour amener le malade à connaître exactement son état véritable de santé et
obtenir une direction plus droite et plus efficace
de son psychisme, afin d'agir par là sur les divers troubles dont il souffre plus ou moins gra-
vement, mais d'une façon souvent *irrationnelle.*

Voilà une personne qui est forte, bien portante,
qui se comporte comme tout le monde; mais elle
éprouve une sensation pénible lorsqu'il lui faut

traverser une place publique. Bientôt, ces sensations s'exagèrent et le sujet se persuade qu'il
tombera, pris de vertige, s'il essaye de s'avancer
seul; a-t-il un enfant auprès de lui, il franchira
résolument l'espace qui l'effrayait, il y a un instant. C'est l'*agoraphobie*, une peur psychique,
irrationnelle, ne reposant sur aucune raison d'ordre matériel ou physique.

L'intelligence, dans le composé humain, se
distingue essentiellement de la sensibilité; il est
de la plus haute importance de bien préciser cette
distinction pour la psychologie et toutes les
sciences qui ont quelque rapport avec elle. « Aussi
éprouve-t-on un véritable dégoût, quand on voit
qu'il est presque impossible d'ouvrir un livre de
zoologie ou de physiologie, sans y rencontrer
quelques pages de la plus pitoyable confusion
entre la sensation et l'intelligence ». (Liberatore). D'après Cuvier, l'intelligence des animaux
exécute des opérations du même genre que celle
de l'homme. Pour Bichat, tout ce qui est relatif
à l'entendement appartient à la vie animale. Ces
deux savants, choisis au milieu d'un grand nombre pensant comme eux, oublient les deux grandes différences qui séparent l'intelligence de la
sensation.

La différence objective, d'après saint Thomas,
consiste en ce que la sensation ne perçoit que

l'élément individuel, particulier, sous des circonstances déterminées de temps et de lieu, là où
l'intelligence saisit l'universel, qui a son application partout et toujours ; la différence subjec-
tive consisterait en ce que la sensibilité est une
faculté organique et l'intelligence une faculté
inorganique. Nous savons, d'expérience certaine,
que les sensations s'émoussent par la répétition,
s'usent par l'usage. Nous ne sentons bientôt plus
une odeur au milieu de laquelle nous vivons ; un
son continu et monotone cesse d'être perçu ; une
lumière excessive éblouit et peut même altérer
l'organe de la vision.

C'est tout le contraire pour l'intelligence, bien
qu'elle exige que les sens soient bien disposés
pour lui fournir les éléments de ses opérations.
A l'inverse du corps, qui s'affaiblit et perd de sa
vigueur à partir d'un certain moment lorsqu'on
avance en âge, plus nous sommes soustraits
aux impressions extérieures, plus nos méditations
sont élevées et profondes, plus l'âme gagne en
force et en vigueur ; l'exercice et la répétition
aiguisent l'acuité de l'intelligence ; la continuité
de l'acte intellectuel, au lieu d'amener la satiété,
augmente le plaisir et accroît le désir de connaître. Plus une vérité est sublime, plus elle
fortifie notre esprit et sa satisfaction croît, à
mesure qu'il l'approfondit davantage.

Au point de vue objectif, en laissant de côté l'intelligence comme faculté raisonnante, mais en la considérant bornée aux premiers concepts de l'esprit, nous voyons, tandis que la sensibilité perçoit un objet étendu, que l'intelligence se forme l'idée abstraite de l'extension, la sensation atteint une chose nouvelle, l'intellect conçoit la nouveauté d'existence.

L'*entendement* est donc bien une *faculté inorganique*; mais il est non moins certain, que l'entendement n'agit pas indépendamment des organes. Les preuves abondent autour de nous. L'enfant, tout jeune, ne raisonne pas ; plus tard, il juge, compare, réfléchit; encore un peu, il vieillit corporellement et son esprit décline et vieillit, lui aussi; on dit que l'homme retombe en enfance. La moindre fatigue ou souffrance, telle une colique ou une migraine, nous empêche de penser. Dans la folie, les opérations de l'intelligence sont altérées ou supprimées par les lésions des organes corporels. Les idées restent très élémentaires chez le sourd-muet abandonné à lui-même, c'est-à-dire non démutisé ; c'est là une démonstration convaincante des relations qui existent entre les signes matériels du langage parlé ou écrit et le développement des idées : l'homme est donc bien un composé, *actiones et passiones sunt compositi,* les actes et les sensations, dans l'être humain, sont bien imputables au composé toujours, et non pas à l'âme seule ou au corps seul.

« L'homme, en venant au monde, n'apporte pas avec lui ses idées, selon l'opinion, plus ou moins modifiée, de Platon; il ne va pas non plus les puiser dans je ne sais quelle intuition immédiate de Dieu, selon les rêves plus ou moins embellis de Malebranche... La connaissance intellectuelle, proportionnée à notre âme, dans son état d'union avec le corps, résulte des objets sensibles, par le moyen de l'abstraction. Pour cela, elle a besoin d'un double élément : d'une représentation sensible dans l'imagination, savoir, d'un fantôme, et d'une lumière intellectuelle capable d'en extraire les raisons intelligibles ». (Liberatore.)

Notre âme intelligente, ne peut donc *abstraire aucune idée sans fantômes* ou *images* comme intermédiaires. Or, le cerveau étant l'organe de l'imagination, l'enfant ne peut se livrer à des opérations intellectuelles, aussi longtemps que l'encéphale n'est pas assez développé pour recevoir et emmagasiner des images. Peu à peu, grâce à la croissance, l'enfant associe, juge, compare, c'est-à-dire qu'il met en œuvre les données fournies par les sens.

Ce travail est lent, incertain chez l'enfant,

2

parce que son imagination se laisse trop facilement impressionner par les sensations extérieures. Le jeune homme est emporté par une imagination trop puissante qui ne connaît pas de frein.
Chez l'adulte, l'effervescence se calme, l'imagination, plus rassise, devient plus docile. Enfin,
dans la vieillesse, l'imagination s'affaiblit, les
sensations du dehors n'impressionnent plus
guère, le système nerveux et le cerveau n'ont
plus qu'un fonctionnement amoindri et l'imagination ne présente plus à l'esprit les éléments
indispensables à l'élaboration des idées, ou du
moins à une élaboration nette et précise. Les impressions actuelles ou récentes ne réussissent
pas à faire naître chez eux des images ou fantômes suffisamment dessinés pour engendrer des
idées; aussi comprend-on que le vieillard vive
dans le passé et de souvenirs, que le présent l'intéresse peu ou glisse comme inaperçu pour lui.

L'exemple suivant était bien connu des étudiants en médecine : Le professeur Cruveilhier,
homme d'une belle intelligence, présidait, devenu vieux, une séance de la Société d'anatomie.
Un membre présente le cerveau d'un sujet. A
la fin de cette communication, le président demande : « Comment va le malade? » Et, sur le
champ, il se livre à des considérations très inté-
ressantes à propos de ce cas, mais puisées dans

des souvenirs anciens. Le présent l'impressionnait faiblement, mais le passé demeurait net et bien conservé dans son cerveau vieilli.

Terminons par un mot sur l'*aliénation mentale*. Elle est proprement un désordre de l'imagination dont les représentations, trop accentuées ou troublées, fournissent des éléments déformés à l'intelligence qui travaille dès lors avec de mauvais matériaux.

Que la cause de la folie soit physique ou morale, on aboutit toujours à des troubles du cerveau, avec ou sans lésions constatables; il existe, en somme, une perturbation organique qui altère le bon fonctionnement de l'imagination et par suite a pour résultat de vicier les opérations de l'entendement, en particulier le jugement et le raisonnement.

L'âme ressemble alors à un artiste dont l'instrument viendrait à lui manquer ou à se déranger; malgré toute sa virtuosité, il demeure dans l'impossibilité de manifester son talent et de traduire ses conceptions, ou bien, s'il le tente avec un mauvais instrument, ses productions seront mal ordonnées et inadéquates; les moyens d'exécution altèrent et faussent ce qu'il veut exprimer.

GENÈSE DES IDÉES CHEZ L'ENFANT

Quelques exemples nous permettront de saisir, sur le vif, la genèse des idées chez l'enfant, d'assister à son éducation et de nous servir de ces données dans les rééducations que nous aurons à entreprendre.

Le jeune bébé, au début de son existence, crie, se débat, mais ces actes rentrent dans ce que l'on appelle des réflexes; la connaissance ne semble y avoir aucune part. Bientôt l'enfant n'est plus excité, on pourrait dire passivement, par les impressions extérieures; il ne se borne plus à sursauter quand un bruit le surprend, mais il se retourne volontairement du côté d'où est partie l'excitation; il n'y a plus, chez lui, de simples réflexes, mais déjà s'esquisse l'acte de connaissance; par conséquent, dans son cerveau plus développé, il se passe des phénomènes qui aboutissent à la formation des fantômes ou images et à leur emmagasinement. Bientôt, élaborant ces acquisitions, le bébé les groupera, les associera, il jugera; bref, il se livrera à des opérations intellectuelles de plus en plus complexes.

Choisissons l'exemple classique de la genèse de *l'idée de cloche* : Quand on fait sonner une cloche, l'enfant se retourne, car l'ouïe est impressionnée; son œil perçoit un objet brillant, possédant une forme déterminée, ces deux perceptions s'associent chez lui. Presque aussitôt, il tend la main; s'il touche cet objet, il sentira qu'il est froid, dur, vibrant; enfin il constatera aussi, qu'en agitant la clochette, il reproduira le bruit entendu auparavant.

Toutes ces perceptions, successives d'abord et sans lien entre elles, arriveront par la répétition à se grouper pour faire un bloc dans son esprit; dès lors il suffira que l'enfant éprouve une quelconque de ces sensations provoquées par la sonnette, forme, couleur, par exemple, pour que le bébé secoue l'objet et le porte à son oreille, preuve que l'idée concrète de cloche a été élaborée dans son esprit. Que l'une quelconque des propriétés qu'il s'est habitué à attribuer en bloc à la sonnette, soit perçue par lui, et évoque une des images dont l'ensemble appartient à l'idée de cloche, cette idée se présentera à lui, sans qu'il soit nécessaire de faire sonner la cloche. Il y a donc acquisition, éducation, simplification, puisqu'une seule des qualités de l'objet cloche rappelle l'objet lui-même. Sans doute il peut y avoir des erreurs et la conclusion peut être fautive en procédant ainsi; mais il suffira de rappeler les autres images laissées dans le cerveau et associées pour compléter l'idée de cloche et pour éviter les erreurs; cette vérification, ce contrôle, toujours possible, deviendra habitude par la répétition, c'est-à-dire grâce à l'éducation s'exécutera rapide, facile et automatique, dans la vie courante.

Jusque là nous n'avons encore que des idées correspondant à des *objets concrets*, déterminés, particuliers. Supposons que l'enfant se trouve en présence d'une glace reflétant les rayons du soleil; il peut toucher, palper cet objet brillant, poli, réfléchissant et froid sans être impressionné péniblement. S'il a, par contre affaire à une lampe allumée, brillante elle aussi, et qu'il veuille la toucher comme la glace de tout à l'heure, il se brûlera. Cette sensation douloureuse lui fera faire un *jugement*, à savoir, un objet brillant peut brûler quand on le palpe.

Dorénavant les explorations avec la main seront plus prudentes vis-à-vis des objets lumineux; cependant, partagé entre la sensation agréable que fournit la glace et la sensation douloureuse causée par la lampe allumée, il sera invité à poursuivre ses exercices de palper, mais avec un peu d'hésitation, puis de discernement. De toutes ces manœuvres, il finira par conclure d'une manière plus ou moins nette aux idées de froid et de chaleur indépendantes de la nature des objets : il aura ainsi commencé l'élaboration des *idées abstraites;* ce sera la première opération véritablement intellectuelle à laquelle il se livrera, puisqu'il possédera des idées qui n'ont pas d'objets concrets pour les représenter, comme pour l'idée de cloche étudiée plus haut. Les images et les idées se multiplient, s'accumulent et s'emmagasinent de plus en plus nombreuses; les jugements s'effectuent en grand nombre, plus facilement, plus rapidement; enfin le rapprochement des jugements permet la comparaison; peu à peu le raisonnement s'ébauche et, la répétition aidant, se fait plus sûr, plus aisé, il s'étend sur des acquisitions de plus en plus considérables, mais venant toutes de l'extérieur.

Le développement du langage est excessivement intéressant et très utile à considérer pour le but que nous poursuivons. L'organe indispensable à la genèse du langage chez l'enfant est l'oreille. Elle présente cela de particulier que de tous nos sens, elle est le seul qui reçoive les impressions de quelque direction qu'elles lui arrivent. Elle est toujours ouverte, aucun opercule ne vient la fermer même la nuit, même pendant le sommeil : c'est l'organe de relation par excellence.

L'enfant pousse d'abord des cris instinctifs sous l'aiguillon de la faim ou de la souffrance, il ne

tarde pas à remarquer ce phénomène; il s'essaie
lui-même à crier; voilà *le cri volontaire*. Livré à
lui-même notre bébé n'irait pas plus loin si une
activité éducatrice n'intervenait pas. Les pa-
rents, une nourrice, se chargent de ce rôle sans
y prétendre, il y a accoutumance par imitation.
Quelques syllabes simples, désignant un objet
concret, connu de l'enfant, le plus habituellement
pa pa sont répétées fréquemment. Au bout de
quelques temps le bébé comprend quelle personne
on veut nommer, il manifeste sa connaisance,
est plus tard s'essaie à reproduire papa. Ces deux
syllabes émises devant lui ont créé l'image de
son père dans son esprit et le mot prononcé éveille
cette image comme la personne rappelle l'image
motrice articulaire du nom qui la représente.

Plus tard un bruit habituel ou un objet quelconque sont associés au souvenir du père et suf-
fisent à le rappeler lui-même ou le nom qui le désigne. Il va de soi que la même élaboration se fait
ensuite pour tous les mots qu'apprend l'enfant,
mais le travail s'effectue avec plus de rapidité
et plus de facilité grâce au développement du
cerveau et aussi grâce à la répétition d'exercices analogues. Les mots désignent d'abord des
objets concrets, déterminés, ensuite et progressivement les qualités des objets, enfin les qualités elles-mêmes, abstraites de tout objet par-

ticulièrement visé : ce sont les termes abstraits du langage qui correspondent à des images abstraites.

Les adultes qui veulent s'instruire, par exemple étudier quelque chose d'inconnu, soit une langue étrangère, doivent au début s'imposer une attention et une application considérables ; chaque mot exige un travail par lui-même, ensuite il faut les grouper laborieusement en propositions. Peu à peu l'effort de traduction mot à mot est facilité par la répétition, puis tellement simplifié en devenant automatique que l'on pense directement et d'emblée dans la langue étrangère qui devient aussi familière que la langue maternelle.

Nous procédons toujours de la même manière, dans la vie. Si nous avons à connaître un objet qui ne rentre pas dans ce que nous voyons habituellement, nous le regardons, nous le touchons, le soupesons, bref nous employons tous nos sens afin de multiplier les sensations qu'il est capable d'exercer sur nous ; de la sorte nous emmagasinons à son sujet dans notre esprit des images plus nombreuses et augmentons d'autant la connaissance que nous pouvons en acquérir. Je prends un objet d'art, un bronze, par exemple, sur ma cheminée. Je l'ai examiné longuement, je sais qu'il est pesant, de couleur bronze, qu'il m'a été donné comme souvenir dans telle circonstance, qu'il a été acheté à Paris, qu'il représente, je suppose, Jeanne d'Arc écoutant ses voix. Eh bien, il me suffira dans l'obscurité de la nuit de toucher ce bronze pour rappeler dans le champ de ma conscience le sujet qu'il reproduit, son attitude, le poids, la couleur du bronze, la mission héroïque de Jeanne d'Arc et pour évoquer d'autres images laissées dans mon esprit par cet objet. Une seule de ses qualités a fait reparaître toutes les autres, comme lorsqu'on prend un grain quelconque d'un chapelet, on fait aisément défiler successivement tous les autres.

Il y a là comme un *mécanisme devenu automatique* après avoir exigé au début une attention soutenue, une suite d'efforts laborieux; la répétition a diminué peu à peu le travail et l'application nécessaires pour la mise en marche des opérations psychiques; bien plus la chaîne des diverses sensations est susceptible de se dérouler en commençant par n'importe laquelle d'entre elles.

« On peut donc, en dernière analyse, comparer le mécanisme que nous venons de disséquer à une machine composée d'une série de rouages qui, d'abord isolés les uns des autres, se seraient rapprochés peu à peu au point de s'engrener de telle sorte que, désormais, il suffit d'agir sur un

quelconque d'entre eux pour mettre en branle
tout l'ensemble : on dirait alors que le fonctionnement est automatique, eh bien, c'est *cette création d'un mécanisme automatique qui caractérise
l'éducation* [1] ». Disons plutôt la facilité d'une
mise en jeu automatique que la création d'un
mécanisme.

Cependant l'étude de la connaissance reste
insuffisante au point de vue de l'éducation et de
la rééducation ; il est nécessaire d'affirmer que
l'homme par là même qu'il possède la faculté de
comprendre, possède aussi la *faculté de vouloir*,
c'est-à-dire *que l'idée tend à l'acte*. Il est évident
qu'un sujet doué de connaissance doit-être né-
cessairement doué d'appétition. En effet toute
nature est dirigée vers un but ; par conséquent,
en vertu de sa constitution intrinsèque, elle doit
avoir forcément une tendance vers ce but. Cette
tendance à réaliser sa fin, à atteindre le but pour
lequel elle est faite, s'appelle appétit naturel, ou
tendance naturelle. Dans les êtres doués de connaissance, il faut admettre une faculté distincte
qui les porte, par un acte vital, vers le bien et
vers le bien connu ; ils ne se contentent pas de la
possession obtenue par la simple connaissance,
ils exigent en outre la possession réelle de l'ob-

---

1. CONTET. *Les méthodes de rééducation*, chez Vigot, Paris.

jet apprécié comme un bien, lors qu'ils le connaissent comme convenable à leur nature. Cette faculté c'est *la volonté* que l'on peut définir : la puissance par laquelle on tend à l'objet connu par l'intelligence.

La sensibilité fournit les éléments qui donnent des images, celles-ci élaborées deviennent les idées.

Les idées et les états émotifs (appétits, sensations, sentiments) se combinent en proportions variées pour diriger ou influencer la volonté.

L'homme possède un corps ; il fait donc des mouvements réflexes et des mouvements volontaires : les premiers instinctifs, non appris, servent à l'accomplissement de nos fonctions organiques. Les autres appris avec travail deviennent peu à peu automatiques, ainsi la marche. Les images motrices nécessaires ont été accumulées dans le cerveau ; par l'éducation et par la répétition, un certain nombre devenues moins utiles sont négligées ; le marcheur y gagne en facilité et rapidité. Exceptionnellement seulement il fait intervenir les images de contrôle ; il peut lire en marchant ; si le chemin est difficile, son attention entre en *jeu pour surveiller* et assurer sa marche.

L'homme est composé d'un corps et d'une âme, il doit donc avoir un appétit *sensitif* qui suit la

perception sensible et nous porte aux biens matériels, transitoires, et un appétit intellectif qui
dérive de la nature raisonnable du composé humain et nous élève aux biens spirituels et éter-
nels. Or, d'après saint Thomas, la volonté ne
signifie pas un appétit quelconque, mais l'appétit
raisonnable; elle est une faculté qui germe de
l'intelligence.

Actes moteurs.

L'homme n'est pas seulement une âme, il
possède un corps mu par l'âme, sur lequel l'éducation a une prise considérable : nous nous occuperons donc des actes moteurs. Nous distingue-
rons deux groupes très tranchés : les mouvements réflexes et les mouvements volontaires ;
hâtons-nous de dire qu'entre ces deux grandes
divisions extrêmes il y a place pour un grand
nombre de mouvements qui participent plus ou
moins de l'une ou de l'autre et un peu de chacune.

Les mouvements réflexes sont involontaires ;
vient-on à chatouiller la plante du pied d'un sujet
endormi il retire le membre excité ; si l'impression est plus forte, les deux jambes et quelque fois
même les bras prennent part à la réaction. Ce

sont des mouvements réfléchis par les centres médullaires et bulbaires comme les rayons lumineux sont réfléchis par un miroir, les nerfs sensitifs et les nerfs moteurs servant de voies centripètes et de voies centrifuges : la volonté n'y prend aucune part ; on le démontre aisément avec une grenouille dont on a enlevé les centres cérébraux situés au-dessus de la protubérance : la jette-t-on à l'eau, elle se met à nager, mais sans but, machinalement, droit devant elle.

Au début de la vie, les mouvements réflexes existent seuls ; peu à peu les mouvements volontaires s'esquissent puis se précisent pour redevenir en partie réflexes par la répétition, l'habitude ou l'éducation ; dans ce cas on dit qu'ils tombent dans l'automatisme, et la conscience s'en désintéresse excepté quand la volonté intervient spécialement. Nos grandes fonctions organiques et en particulier la respiration, la circulation et la digestion, s'accomplissent grâce aux mouvements réflexes, à notre insu, sauf exception, mais avec régularité et perfection du moins dans l'état normal, même durant le sommeil, et cela d'emblée, dès le début de l'existence.

Il en est tout au contraire des actes moteurs acquis, tels que les exercices gymnastiques, l'action de jouer du piano, qui exigent un long apprentissage, un travail opiniâtre.

Nous l'avons vu, des actes moteurs qui au début réclamaient le concours de l'intelligence attentive et de la volonté, deviennent automatiques et laissent l'esprit libre de s'appliquer à autre chose. Par exemple, le pianiste débutant a besoin de toute son attention pour jouer le morceau qu'il a devant lui; plus tard tous les mouvements deviendront automatiques et il pourra causer en jouant ou il chantera en s'accompagnant; parfois même il n'aura aucun souvenir de ce qu'il a joué; l'automatisme a été si complet que le jeu a été inconscient : le contact des touches par les doigts a suffi pour provoquer réflectivement les actes moteurs correspondant au morceau exécuté. La sensation tactile du bout des doigts est venue réveiller, même à l'insu de la conscience, les images motrices enregistrées dans l'écorce cérébrale et le morceau a été exécuté. Ce mécanisme correspond à celui que nous avons exposé pour les actes psychiques; qu'une quelconque des multiples impressions sensitives ou sensorielles ou même psychiques inférieures (polygonales de Grasset) caractérisant le jeu du morceau en question se produise, tout le bloc correspondant est mis en activité, même sans que le moi conscient ait à intervenir.

Il faut conclure de là, que dans le morceau

joué automatiquement, toute la série des images
motrices a été mobilisée et que seules les images
pouvant servir de contrôle ont été négligées.
C'est ce que nous verrons dans les tics : au début les mouvements du tic sont voulus, puis ils
deviennent automatiques, purement réflexes et
inconscients; comme précédemment toutes les
images motrices se traduisent en actes, seules
les images de contrôle font défaut. Or, c'est à
rappeler ces images de contrôle négligées d'a-
bord, puis oubliées, dans le champ de la conscience et à leur rendre leur rôle de contrôle, à
leur faire reprendre leur pouvoir modérateur ou
frénateur, que s'appliquera la rééducation : nous
le retrouverons plus bas.

L'enfant qui apprend à marcher, prêterait à
des considérations analogues : il meuble son cerveau d'images motrices nombreuses; il le fait avec
peine, effort, application; ensuite les divers mouvements se coordonnent toujours au prix d'un
vrai travail. Toutes ces images se groupent,
s'associent, passent dans l'automatisme et la
marche qui exigeait une si grande attention, s'effectue dès lors très facilement et sans même qu'on
y songe. Par exemple, le simple contact du sol
met en activité toutes les images motrices dont
le groupement constitue la marche, à l'exclu-
sion des images localisées dans les centres cons-

cients ou de contrôle. D'après Contet : « Il y a enchaînement automatique progressif des différents temps, c'est-à-dire en définitive, selon l'expression classique, passage successif d'une série d'impressions du domaine du conscient dans celui de l'inconscient ». Il va sans dire que nous prenons *l'inconscient* dans le sens d'inattentif, ou de subconscient, car il nous est loisible plus ou moins facilement de mettre en acte notre attention et de replacer ces mouvements dans le champ de la conscience, ce qui ne pourrait avoir lieu s'ils étaient véritablement inconscients.

Il est pourtant des circonstances morbides où des mouvements acquis, coordonnés et compliqués, sont tout à fait inconscients.

Le cas suivant cité par Trousseau apparaît bien démonstratif : « Tel était, par exemple, le cas de ce musicien dont parle Trousseau, qui, faisant sa partie dans un orchestre, était pris de vertige épileptique pendant lequel il perdait conscience ; cependant, il continuait à jouer en mesure quoique restant absolument étranger à ce qui l'entourait [1] ».

---

1. RIBOT. *Maladies de la volonté.*

Actes psycho-moteurs.

Jusqu'ici nous nous sommes occupé des actes psychiques et des actes moteurs séparément, pour la facilité de la démonstration. Or, nous avons insisté plus haut sur la nature du composé humain, c'est donc dire qu'il n'existe pas à nos yeux de mouvements purement moteurs, sauf les réflexes; et encore ceux-ci ne se produisent-ils que dans le corps animé par une âme : on ne saurait les faire exécuter par un cadavre. Mais en laissant de côté les réflexes et les mouvements instinctifs, nous pouvons affirmer que tous nos actes sont le résultat de l'éducation, nous avons remarqué la grande part prise au cours de celle-ci par les opérations psychiques ; nous n'apprenons à exécuter aucun mouvement sans que notre intelligence n'y prête au moins une certaine attention, pour concevoir l'acte, et pour en surveiller l'exécution. Oui, tous les actes moteurs de la vie de relations, réclament le concours de l'intelligence : dans tout acte on retrouve de la sensation, de l'intelligence, de la conscience et de la volonté, et ces trois éléments inséparables se mélangent à des doses diverses variées à l'infini.

Cette constatation est facile à faire au début quand nous apprennons à exécuter un acte, parce que nous y apportons une grande attention et que nous décomposons en quelque sorte les mouvements en leurs différents temps ; mais quand nous avons pris l'habitude d'accomplir cet acte, nous cessons de nous y appliquer, nous agissons automatiquement, les opérations de contrôle ne s'exercent plus et une sensation quelconque du bloc ou de la série suffit à mettre en branle l'exécution de l'acte. Un musicien jouera ou chantera un air parce qu'il en aura aperçu le titre, ou qu'il en aura entendu quelques notes, ou encore parce que le souvenir se sera présenté de lui-même sans qu'il en ait eu la conscience bien nette. Cependant, que le sujet le veuille, et tout le mécanisme primitif auquel a présidé l'éducation se représentera à la conscience : sensation, opération psychique et exécution motrice ; donc l'acte de jouer un morceau appris est bien un acte psycho-moteur dont un certain nombre d'éléments conscients, attentifs au début, sont ensuite négligés, et finissent quelquefois par être oubliés au moins dans certains états de santé.

Les actes, devenus automatiques, laissent ainsi la liberté d'effectuer d'autres actes psychiques moins familiers, plus nouveaux ; ils permettent une activité psychique plus étendue et augmentent notre sphère d'action.

Parmi les sensations qui correspondent à un acte effectué, il en est qui semblent ne plus être perçues, mais il n'y a là qu'une apparence trompeuse ; les perceptions sont affaiblies par l'habitude au point que nous n'en avons plus la conscience, mais, nous l'avons vu, il y a toujours perception d'un degré aussi minime que l'on voudra, ainsi quelqu'un s'endort pendant un sermon, et se réveille quand il se termine ; il y avait donc encore perception quelque faible qu'on la suppose et malgré que l'on en n'avait pas conscience.

Autre exemple : il arrive que l'on retrouve dans sa mémoire des souvenirs de faits que l'on croit n'avoir jamais vus. Ils ont été perçus sans que nous y donnions attention, se sont installés dans notre moi sans que nous y prenions garde ; il y a donc eu perception et état de conscience faibles, sans quoi nous ne pourrions les évoquer, car nous ne connaissons que ce que nous avons appris et l'on n'apprend rien sans avoir été impressionné. Il ne saurait y avoir sensation sans que nous en ayons conscience, mais quand les états de conscience sont très légers, nous les laissons passer inaperçus ; ils ont existé malgré tout à un certain moment [1].

1. Dans le sommeil hypnotique une jeune fille récitait un

Pendant le sommeil, les sensations et les états de conscience sont très atténués, mais non supprimés, car certaines gens se réveillent spontanément à l'heure qu'elles ont fixé en s'endormant. Pourquoi ? parce qu'elles ont des perceptions minima, inappréciées, je dirais presque inconscientes qui les avertissent qu'il est temps de se réveiller.

Il y a donc des perceptions minima, mais jamais de perceptions inconscientes. L'éducation tend à augmenter de plus en plus ces perceptions minima pour multiplier la puissance de notre psychisme et tous nos actes de la vie de relation s'exécutent par des mouvements dépendant d'opérations psychiques; il sont tous et toujours d'ordre psycho-moteurs, quel que puisse être le rôle de l'éducation : cette constation revêt une importance considérable pour la rééducation dont nous nous occuperons.

Éducation et automatisme.

Nous avons jusqu'ici traité longuement de l'é-

morceau en hébreu, langue qu'elle ignorait. Après enquête approfondie, on apprend qu'elle a été servante chez un rabbin et que son maître lisait souvent a haute voix le passage en question. Bel exemple de mémoire polygonale ou subconsciente.

ducation de l'homme, plus spécialement de ses actes psycho-moteurs, et nous avons établi que cette éducation avait pour but de transformer les actes conscients, exécutés avec toute notre attention, en actes non pas inconscients, mais subconscients et sans aucune application de notre part, en un mot en actes automatiques, nous laissant le libre exercice de nos facultés psychiques pour d'autres opérations et par là nous permettant d'élargir le champ de notre action, d'acquérir de nouvelles connaissances, c'est-à-dire de réaliser des progrès indéfiniment. Plus nombreux seront nos actes tombés dans l'automatisme, plus notre éducation sera étendue et plus nous serons devenus capables de multiplier notre activité.

C'est là ce qui se passe dans le développement normal de l'enfant et de l'homme, car l'éducation n'est jamais terminée; tant que nous sommes sur cette terre nous pouvons accroître les trésors de notre automatisme. Cependant, il est des cas où l'acquisition de l'automatisme est troublé; et d'autres où la partie acquise cesse à un moment donné de fonctionner pleinement, correctement et harmonieusement, soit que le sujet agisse de moins en moins, soit que, l'activité restant la même, le sujet se livre à des actes inaccoutumés et en discordance avec son éducation.

L'analyse que fait Contet de ces divers états, nous paraît intéressante; nous l'allons résumer.

A la première hypothèse correspondent l'idiotie, l'imbécillité et la débilité mentale. Dans ces cas les sensations semblent faire défaut; par suite le sujet est peu capable de réaction; sa vie est purement végétative. D'autres fois à un degré moins avancé la sensibilité existe, mais à l'état rudimentaire; ses actes se bornent à des réflexes plus ou moins compliqués comme ceux qu'exécute notre grenouille privée de ses hémisphères cérébraux; les diverses parties du système sensoriel fonctionnent séparément et les sensations ne sont pas centralisées en un *sensorium commune*, dans l'écorce cérébrale; enfin les cellules cérébrales n'étant pas impressionnées ne conservent aucune image ; de là défaut de synergie fonctionnelle, donc de l'incohérence, de l'inattendu, du disproportionné dans les actes.

Ses facultés affectives sont également aussi peu développées que les intellectuelles; « l'idiot est souvent moins doué sous ce rapport que l'animal qui sait, au moins, s'arrêter de manger quand il est rassasié, choisir ses aliments, reconnaître son maître, manifester sa joie à la vue de celui qui le traite bien et sa colère à l'aspect de celui qui le maltraite ». (Contet).

Entre ces deux groupes extrêmes, les normaux et les idiots, il existe naturellement une foule de cas intermédiaires. Chez les sujets moins atteints, on observe des actes relativement normaux, mais toujours les fonctions d'attention et de contrôle sont affaiblies; beaucoup d'impressions se trouvent négligées et les actes présentent souvent une disproportion plus ou moins marquée avec la cause ou les sensations causales, ou avec le but à réaliser; par exemple, un enfant ne peut jouer avec ses camarades, sans être entraîné à donner des coups trop violents ou dangereux. Ces sujets sont désignés sous le nom d'arriérés ou retardataires, et quand le défaut de concordance, de coordination, d'adaptation apparaît très léger, on les appelle des dégénérés, on dirait mieux des déséquilibrés.

On aurait le droit de se demander si, chez le normal, la facilité du développement éducatif n'est pas dû à l'atavisme ou accumulation ancestrale, au moins dans une certaine mesure, à la façon des caractères acquis qui se transmettent et s'intensifient en descendant, par hérédité, le long des générations successives. Inversement il arrive, chez les anormaux, que les dispositions à conserver les images introduites dans le cerveau par l'éducation de générations successives, se sont atténuées, affaiblies, qu'elles ont été, en quelque sorte, oubliées.

« Mais, ce que l'espèce a pu progressivement acquérir par ses seules forces, ne peut-on rêver de le faire obtenir à l'individu, *en remplaçant la série des tâtonnements naturels par une éducation méthodique?* Cela semble d'autant moins illogique qu'il est banal de voir l'être humain arriver à apprendre et à exécuter ensuite, automatiquement, des actes auxquels il semblait, originellement, fort peu disposé ». (Contet). En s'appuyant sur ces considérations, on a cherché à développer par l'éducation des sujets qui, naturellement, n'atteignaient pas le niveau ordinaire et de les rapprocher le plus possible du type normal. En France, Bourneville a obtenu des résultats intéressants, montrant par là que les vues théoriques étaient fondées sur une base sérieuse, c'est-à-dire lorsque l'automatisme ne réussit pas à arriver de lui-même à se développer suivant le type normal, on parvient, par une direction méthodique, à le rapprocher du niveau ordinaire.

Quelquefois, l'automatisme acquis a été quelque temps ce qu'il devait être ; puis il y a eu dissociation ; les images motrices ont cessé d'être exactement contrôlées, ce qui a produit le dérèglement du mécanisme de production des actes psycho-moteurs ; nous le notons dans l'ataxie locomotrice, les tics, le bégaiement, pour les actes plus particulièrement moteurs ; et dans les psychoses, lorsqu'il s'agit de troubles dans les opérations purement psychiques, c'est-à-dire dans le domaine de l'esprit : le grand stigmate est une perversion de l'automatisme des associations d'idées ; certaines images, certaines idées sont laissées de côté sans raison suffisante, sans contrôle sérieux, d'où erreur dans les jugements et par suite dans les réactions organiques qui en découlent ; ainsi, les paralysies d'origine psychique, les hallucinations et les dédoublements de la personnalité, rentrent dans cette catégorie de réactions, faussées par les troubles, dans l'association des idées et des images.

L'expérience nous a appris que, dans ces diverses altérations de l'automatisme, les troubles étaient souvent moins profonds et surtout moins complets qu'ils ne le paraissent à première vue ; l'analyse minutieuse nous enseigne qu'il est possible de s'appuyer sur les élément persistants et de réveiller les facultés et les impressions de contrôle, comme cela se pratique dans l'éducation normale, pour rééduquer l'automatisme, déséquilibré par l'oubli ou la négligence de certaines impressions nécessaires au fonctionnement normal des actes devenus automatiques et qui, jusque là, avaient été exécutés automatiquement.

Dans l'éducation, le *rôle du professeur* consiste précisément à redresser nos tendances désordonnées, à cultiver nos facultés d'observation et de contrôle et à leur faire prendre une direction méthodique afin d'éviter les conclusions hâtives, qui risquent si fréquemment d'être erronées. Ce que le professeur réalise par un dressage persévérant dans le développement normal, pourquoi le médecin ne le tenterait-il pas et ne le réussirait-il pas dans les cas de retard par débilité psychique ou motrice, ou dans les cas d'altération dans le mécanisme d'actes autrefois correctement accomplis ? La rééducation est logique, rationnelle; les résultats obtenus montrent qu'elle est possible et utile.

Nous exposerons les méthodes de rééducation psychique, de rééducation motrice, de rééducation sensorielle, mais cette division, nécessitée pour la clarté d'exposition, est toute *artificielle* car nous savons que l'homme est un composé indivisible (union substantielle de l'âme et du corps). Rééducation motrice signifie que les troubles moteurs prédominent et attirent tout d'abord l'attention ; de même, quand nous dirons rééducation psychique ou rééducation sensorielle. Nous l'avons admis, tous nos actes sont psycho-moteurs, même, à la rigueur, les mouvements organiques, puisque les cellules de l'écorce cé-

rébrale exercent une influence sur eux[1]. En
réalité, c'est une rééducation totale qu'il faut
faire dans chaque cas, tout en portant ses efforts
plus spécialement sur les troubles psychiques,
moteurs ou sensoriels. L'analyse descriptive devra toujours être remplacée, dans la pratique,
par une synthèse où se mêleront, en proportions
variées suivant les circonstances, les divers éléments sensoriels, moteurs et psychiques.

1. LAVRAND. *Suggestion et guérisons de Lourdes*, Dloud, p. 26.

DEUXIÈME PARTIE

Rééducation psychique.

L'enfant s'éduque en même temps qu'il est éduqué. Cette éducation s'adresse à tous les éléments qui le constituent; elle est donc physique, psychique et morale. Cette dernière, nous la laissons de côté, pour ne nous occuper ici que des deux premières, abandonnant à d'autres le soin de cette formation morale, qui revêt une importance capitale dans la conduite de la vie, mais qui ne rentre pas dans notre programme. *Eduquer* vient de : *e ducere conduire hors*; extraire de la gangue des instincts naturels, bas, égoïstes, les qualités qui y sont mêlées et qui, faute de culture risqueraient d'être étouffées, comme dans un jardin mal ou pas soigné, les mauvaises herbes dépassent et font mourir les bonnes pousses. Faire une éducation s'exprime encore par le mot *élever*, dont le sens est, au fond, le même : on veut dire cultiver l'enfant, afin de le placer à un niveau supérieur à celui auquel il atteindrait naturellement.

Le rééducateur ne saurait faire mieux que de se modeler sur l'éducateur et de suivre les mêmes méthodes ; cependant, il a des chances de pouvoir avancer plus rapidement, mais qu'il obéisse aux circonstances et sache aller lentement pour progresser sûrement. Dans la rééducation psychique, nous partirons de la base et développerons peu à peu les facultés qui ont perdu l'habitude de bien fonctionner, nous nous appliquerons à les réveiller. Le médecin se trouve le plus souvent en présence de fatigués, de surmenés, d'épuisés, c'est-à-dire d'asthéniques ou psychasthéniques, hier on disait de neurasthéniques, parce que l'on chargeait le système nerveux de tous les méfaits.

Aujourd'hui, on remet les choses à un point de vue plus exact, mieux assis sur l'observation scientifique. Le système nerveux n'est plus considéré comme un créateur de forces, mais comme un accumulateur, un transformateur et un distributeur d'énergie ; il ne saurait donner plus qu'il ne reçoit. Pour avoir l'explication des états psychasthéniques purs, c'est-à-dire en l'absence

de toute lésion anatomique constatable, on s'a-
dresse aux sources productrices de l'énergie dans
l'homme : l'alimentation, la respiration, le mé-
tabolisme ou transformation des matériaux in-
gérés avec dégagement de l'énergie qu'ils renferment et bonne utilisation de cette énergie libé-
rée [1].

Les asthéniques ne sont donc plus seulement
des *abouliques*, mais des organismes dans lesquels les énergies sont en déficit plus ou moins
considérable, ou bien dans lesquels les énergies
sont mal libérées et surtout mal réparties, mal
transformées, mal utilisées. Ces malheureux ne
manquent pas, le plus fréquemment, du vouloir,
ils manquent surtout du pouvoir de passer de
la volonté à l'acte. La psychothérapie devra
donc ne pas oublier cette conception, parce qu'elle
est l'expression de la vérité d'abord, parce qu'ensuite elle est plus féconde en heureux résultats
thérapeutiques, sans compter qu'elle tient compte
davantage de la nature de l'homme, de son état
de composé, de l'union substantielle du corps et
de l'âme; nous voulons dire, de ce fait qu'il n'y
a pas des maladies de l'âme ou de l'esprit, et des
maladies du corps, mais des maladies de l'homme
tout entier, avec prédominance des symptômes
somatiques ou des symptômes psychiques.

1. A. DESCHAMPS. *Les maladies de l'énergie.*

La base de notre rééducation psychique (nous posons ici des règles générales modifiables, avec chaque cas particulier dans l'application pratique) s'appuiera donc sur la triade ordinaire : repos au lit, isolement, suralimentation ou parfois rééducation alimentaire [1], combinée avec la psychothérapie rationnelle en adaptant le choix, la combinaison des moyens aux exigences de chaque malade et des diverses phases de l'évolution morbide [2]. Nous laisserons la triade dont nous venons de parler pour ne traiter que de la rééducation psychique proprement dite, destinée, avec l'aide des autres ressources thérapeutiques sans doute, à redonner à l'homme la maîtrise ou le gouvernement de lui-même par le relèvement de ses forces, (guérison de l'asthénie), en ramenant à la normale la production, la transformation et la répartition de son énergie vitale amoindrie ou inhibée. Nous ne négligeons aucune aide, car le traitement doit être synthétique ; mais notre exposition veut être limitée.

Pouvons-nous acquérir la maîtrise de nous-mêmes ? réussissons-nous à nous gouverner nous-mêmes ? Sans doute, puisque nous sommes libres. Avec la *théorie déterministe* nous ne comprendrions pas, car l'homme agit fatalement, il

---

1. H. LAVRAND. *Traitement de la volonté et psychothérapie.*
2. V. plus loin : Rééducation des faux gastropathes.

est déterminé par les causes et les forces qui exercent leur action sur lui. Citons le Dr Paul Dubois[1], de Berne : « L'homme se fait une étrange illusion quand il s'imagine pouvoir penser à ce qu'il veut et ce qu'il veut. Jamais un homme, si génial qu'il fût, n'a eu une pensée personnelle, n'a fait sourdre une idée de son auguste front. La pensée. si compliquée soit-elle, ne résulte que d'associations d'idées qui ne subissent en aucune façon le joug d'une volonté souveraine. Nos pensées s'imposent à nous, se succèdent dans notre esprit sans que nous puissions intervertir leur ordre, chasser celles qui sont importunes ou nous attarder volontairement à celles qui nous plaisent ». « La direction et l'intensité de ce courant (de nos idées) ne dépendent que des obstacles qu'il trouve sur sa route, par le fait d'idées antérieures emmagasinées dans notre mémoire et qui, elles aussi, sont nées fortuitement par l'expérience sensible ». « La pensée n'est donc pas spontanée, ne résulte pas d'un effort intérieur de l'homme qui pense ; elle est involontaire, automatique ; les idées tombent comme tuiles sur notre tête ». « C'est encore une illusion de notre esprit que de considérer l'éducation de nous-mêmes comme active, comme le résultat

1. Dr PAUL DUBOIS. *L'éducation de soi-même.*

4

d'un vouloir. Elle est passive, en ce sens qu'elle est née d'une impulsion reçue, que nous ne suivons que si nous y prenons plaisir ». Comme l'homme ne pense pas ce qu'il veut, mais ce qu'il peut, l'éducation doit s'efforcer de l'éclairer, dit encore le Dr Dubois, de lui montrer le chemin de ce bonheur intime, qui réside dans la satisfaction de sa conscience éclairée. Mais, nous ne voyons pas bien comment accorder le déterminisme intégral et intransigeant de l'auteur, avec l'effort pour éclairer ; qui parle d'effort vers un but proposé, fausse, il nous semble, compagnie au déterminisme.

Toujours d'après le Dr Dubois, la seule liberté dont jouisse l'homme, c'est de pouvoir réagir sous l'influence d'une idée, de pouvoir obéir, soit aux mobiles de sa sensibilité, c'est-à-dire à ses passions, soit aux motifs de sa raison. Parce que cette obéissance est consentie, il la qualifie de libre. Pour lutter contre les entraînements passionnels, pense-t-il, nous avons besoin, non de liberté, mais d'un ensemble de vues morales qui fassent pencher la balance mentale du bon côté. L'éducation seule, conclut-il, peut nous donner cette clairvoyance morale.

En fait, le Dr Dubois admet une liberté mitigée, sans quoi l'éducation, et l'éducation de soi-même, ne représenteraient que des expressions

vides de sens. Ou bien le déterminisme est intégral, fatal et l'éducation reste impossible;
l'homme ne saurait être transformé intention-
nellement; il devient tel ou tel, il se développe
suivant les hasards de son existence, suivant
les obstacles plus ou moins nombreux qui com-
mandent sa route; il se comporte comme une lo-
comotive : sa force motrice la met en mouvement et les rails la dirigent tout droit ou la
dévient selon les aiguillages qu'elle rencontre,
mais le mécanicien n'y peut rien.

Il n'en va pas ainsi de l'homme; il faut admettre un déterminisme mitigé, laissant une part
aux influences éducatrices ou modificatrices,
c'est-à-dire intentionnelles et par suite volontaires, donc exigeant une certaine liberté. Les
raisonnements les plus philosophiques ne prou-
vent rien contre les faits d'observation. Sans
doute cette liberté, franchement reconnue, nous
entraîne logiquement un peu loin, évoque et as-
seoit la notion de notre responsabilité, la néces-
sité d'une sanction et par conséquent d'un
être chargé de l'appliquer; enfin nous ne pouvons plus échapper à l'hypothèse d'un Dieu avec
tous ses attributs. Beaucoup préfèrent s'abriter
derrière un déterminisme, même illogique ou
incomplet, bien que cette solution soit loin d'être
satisfaisante et de laisser l'esprit en repos.

Nous croyons plus logique, plus satisfaisant, puisque l'observation nous démontre que nous pouvons nous gouverner nous-mêmes, d'admettre « que nous sommes libres, assez pour plier à notre dessein, dans la mesure nécessaire, même les forces aveugles qui sont en nous. Oh ! sans doute, nous ne sommes pas libres comme des dieux, pas plus que nous ne sommes déterminés comme des pierres. Il importe de bien nous connaître pour bien nous conduire et, pour cela, il faut y regarder de près. Au regard inattentif, l'homme apparaît toujours comme une contradiction ; parce qu'il est un être plein de contrastes, le point de rencontre entre la matière et l'esprit. Matière, il doit être fatal ; esprit, il doit être libre. Déterminisme et liberté, voilà donc les deux pôles de ce microcosme que nous sommes ; c'est sur eux, sur les deux à la fois que notre vie doit porter [1] ».

Nous sommes libres, mais d'une liberté mitigée, conditionnée par une foule de circonstances de temps, de milieu, d'espace ; cependant, en dépit de ce déterminisme qui nous enserre à chaque instant, nous avons la liberté de choisir entre les divers mobiles et les divers motifs qui nous sont le plus souvent imposés ; la conscience nous l'af-

---

1. EYMIEU. *Le gouvernement de soi-même.*

firme à chaque instant, et l'expérience nous le confirme sans cesse.

Dans l'homme, on peut distinguer les trois vies, végétative, animale et humaine, qui agissent ensemble, qui se coordonnent, qui se compénètrent. La pensée, par exemple, au sommet de la vie humaine, se sert des sensations que fournit la vie sensitive ou animale ; elle se sert aussi des éléments que lui procure la vie végétative, tels que le sang, les cellules organiques, les éléments musculaires et les éléments nerveux. Dans ces conditions, il semble difficile de toucher à quelque chose dans cet organisme sans que le reste n'en ressente le contre-coup ; le physique réagira donc sur le moral et réciproquement, en toutes circonstances.

Le moindre malaise organique, une pesanteur d'estomac, une lourdeur de tête influent sur notre humeur, sur notre aptitude au travail ; l'absorption d'un peu d'alcool, d'un peu d'opium, une élévation, un abaissement de la pression atmosphérique, un rien nous modifient dans notre manière d'être.

« L'esprit de ce souverain juge du monde (l'homme) n'est pas si indépendant qu'il ne soit sujet à être troublé par le premier tintamarre qui se fait autour de lui. Il ne faut pas le bruit d'un canon pour empêcher ses pensées ; il ne faut que le bruit d'une girouette ou d'une poulie. Ne vous étonnez pas s'il ne raisonne pas bien à présent ; une mouche bourdonne à ses oreilles ; c'en est assez pour le rendre incapable de bon conseil. Si vous voulez qu'il puisse trouver la vérité, chassez cet animal qui tient sa raison en échec et trouble cette puissante intelligence qui gouverne les villes et les royaumes. Le plaisant dieu que voilà ». (Pascal, les Pensées).

L'action du moral est peut-être encore plus évidente. Nous savons que la tristesse, la mauvaise humeur, altèrent la digestion ; que la joie, le contentement aiguisent l'appétit, stimulent les forces ; un travail qui nous plaît ne nous fatigue guère, car, *ubi amatur non laboratur aut, si laboratur, labor amatur*, ce qui est agréable, ne coûte aucune peine. Il nous paraît inutile d'insister davantage sur l'influence du physique sur le moral et réciproquement du moral sur le physique.

L'*idée tend à sa réalisation*, elle incline à l'acte. Dans la *catalepsie*, tous les phénomènes qui dépassent la vie végétative sont abolis : volonté, mémoire, sensation ; la conscience psychologique est éteinte pour un certain temps. Si je soulève le bras d'un cataleptique, ce bras demeure dans la position où je l'ai mis. La position donnée a éveillé une sensation, c'est-à-dire une idée rudi-

mentaire dans un psychisme vide; cette idée
envahit une conscience où elle existe seule, et
elle provoque la persistance de l'attitude impo-
sée.

Il y a bien ici sensation ou connaissance im-
posée et non production d'un simple mécanisme,
puisque nous constatons un acte systématisé,
coordonné autour d'une idée.

Je prononce une phrase à l'oreille de mon cataleptique, il répète la phrase sans la comprendre;
il y a là plus qu'une impression des vibrations
sonores sur le nerf acoustique, il y a phénomène
intellectuel au moins rudimentaire puisqu'il y a
coordination de divers muscles pour l'émission
de sons en vue d'un but déterminé. En pour-
suivant ces expériences, on démontre que la
sensation ou idée présente une tendance à l'acte
correspondant, une tendance à persister jusqu'à
ce qu'elle soit remplacée par une autre, une tendance à se développer par association de phénomènes connexes (Eymieu).

L'*hystérie* nous fournit matière à des expériences qui complètent les précédentes et qui nous
mènent jusqu'aux pensées proprement dites. D'a-
près Pierre Janet, l'hystérie est caractérisée par
un état de « misère psychologique ». La conscience, ici, persiste, mais elle se réduit à saisir
seulement un petit nombre de phénomènes : il y

a rétrécissement notable du champ de conscience;
et encore, avec le peu qu'elle embrasse, la conscience manque de force de synthèse et, par suite,
de volonté. Les idées sont donc peu nombreuses,
leur coordination très faible, le vouloir peu éner-
gique. Il y a progrès sur la catalepsie mais, en
somme, le psychisme est pauvre, les pensées sont
associées et coordonnées fragilement, la volonté
chancelante.

Comme chez le cataleptique, toute idée intro-
duite dans l'esprit, c'est-à-dire suggérée, se réalise. L'hystérique éprouve des sensations comme
le cataleptique; il entend, il voit, il touche; de
plus, l'intelligence intervient davantage, le sujet
comprend; mais, s'il est accessible à une pensée,
on conçoit qu'elle sera le plus habituellement
admise sans résistance et qu'elle se réalisera
tout de suite en acte, car la synthèse et le contrôle mental, chez lui, sont faibles et le vouloir
débile.

Si l'hystérique accepte les idées suggérées, il
peut aussi se suggestionner lui-même. Quelle que
soit l'origine de l'idée qui prend possession de la
conscience d'un hystérique, cette idée ne trou-
vant que peu d'idées à côté d'elle, rencontre peu
ou pas d'idées antagonistes qui la limitent; il lui
est donc possible de s'emparer de toute ou presque
toute l'activité psychique du sujet et, par con-

séquent, de passer à l'acte, pour ainsi dire automatiquement, en obéissant à cette triple loi :
tendance de l'idée à s'actualiser, tendance de
l'acte à persister tant qu'une autre idée ne survient pas, tendance de l'idée à se développer par
association et coordination avec d'autres idées
existant dans la conscience.

Ainsi, l'hystérique ment souvent, ou plutôt il
dit ce qui lui vient à l'idée sans vouloir mentir,
sans songer qu'il ment, parce qu'il ne soumet pas
ses idées au contrôle de la raison : cette notion
de contrôle fait défaut chez lui.

Ou encore l'expérimentateur dit au sujet :
« Voici un oiseau ». Le patient a compris; il se
lève, va à l'oiseau, le prend, le caresse. « Le voilà
qui s'envole », lui affirme-t-on, et le malade court
à la fenêtre.

Le *nervosisme*, avec toutes ses variétés, qui
vont de l'hystérie à l'état normal, est intéressant
à considérer. On a varié dans les dénominations;
le terme de psychonévrose a fait place à la psychasthénie, qui veut dire manque de force ou de
vigueur psychologique, ou mieux encore, on admet
qu'il s'agit « de faiblesse psychologique ». « Le
champ de la conscience est aussi riche, ou à peu
près, qu'à l'état normal, c'est-à-dire les phénomènes psychologiques sont aussi nombreux; mais
la cohésion en est plus faible, la force de synthèse

et la maîtrise de la volonté sont plus ou moins
réduites ou instables, par suite d'une tension
vitale insuffisante [1] ».

Il n'est pas toujours facile de suivre l'évolution
des idées qui se présentent dans le champ de
conscience du malade ; parfois, dans un psychisme
si peu vigoureux, une idée s'impose en maîtresse
et conduit cette conscience où règne l'anarchie ;
elle se traduira en acte sans que les facultés de
contrôle interviennent, pèsent cette idée et lui
donnent sa véritable importance, absolue ou relative.

Voici un psychasthénique, par exemple, qui a
éprouvé un certain malaise en traversant une
place. Au lieu de raisonner cette sensation, de
la juger, de lui accorder sa juste valeur, il laisse
cette sensation occuper son esprit, s'y maintenir,
s'imposer, y prendre une importance considérable, au point qu'il sera bientôt persuadé de l'exac-
titude de cette sensation, qu'il se croira dans l'impossibilité de traverser ladite place, et ce que l'on
appelle l'agoraphobie sera constituée. (V. p. 14.)

La psychasthénie est fréquente ; elle se manifeste à des degrés très divers, suivant les individus. « Aussitôt que l'homme se croit malade, il
l'est ; il ne l'est pas seulement en idée, il le de-

1. EYMIEU. *Loc. cit.*

vient bien réellement, physiquement [1] ». Par conséquent, « le névrosé est sur la voie de la guérison aussitôt qu'il a la conviction qu'il va guérir ;
il est guéri le jour où il se croit guéri [2] ». Il y a
beaucoup de vérité dans cette affirmation.

L'état normal, lui-même, présente des phénomènes pleins d'intérêt ; leur constatation et leur
analyse sont des plus instructives.

L'expression « faire venir l'eau à la bouche »
est très ancienne et parfaitement exacte. Un physiologiste russe, Paulow, l'a démontrée vraie dans
une suite d'expériences très curieuses sur les
phénomènes de la digestion. Un chien a été préparé, c'est-à-dire qu'on lui a fait une fistule sto-
macale et qu'on lui a placé une canule à demeure,
afin de pouvoir surveiller ce qui se passe dans la
poche gastrique. Présente-t-on à notre chien un
aliment qui ne lui convient pas, on ne remarque
rien de particulier ; par contre, un aliment qui
réveille son appétence, lui fait venir l'eau à la
bouche en même temps que son estomac sécrète
abondamment. Voilà bien du psychisme pur qui
influe sur le physiologisme et d'une façon des
plus manifestes.

Autre expérience : On introduit l'aliment dans
l'estomac par la fistule, à l'insu du chien, c'est-

1. Dr DUBOIS. *De l'influence de l'esprit sur le corps.*
2. Dr DUBOIS. *Psychonévroses.*

à-dire sans que la vue, le goût, ni l'odorat avertissent les centres psychiques ; la sensibilité gastrique, qui est faible, provoque une sécrétion peu
abondante. On sectionne l'œsophage et on fait
manger l'animal de telle sorte que la vue, le goût
et l'odorat soient impressionnés, tandis que le bol
alimentaire tombe, non dans l'estomac, mais au
dehors, cependant les glandes estomacals entrent
dans une grande activité, malgré que le repas
soit fictif. On constate encore là l'influence du
psychisme sur le physiologisme; par là, on voit
une fois de plus l'étroite union des deux éléments qui constituent l'homme.

Bernheim, et beaucoup d'autres, ont dit que
l'homme est un *être éminemment suggestif;* à
tout instant nous devons nous défendre contre
la pénétration d'idées du dehors dans notre cerveau; la tendance naturelle est d'accepter doci-
lement les idées étrangères; quant aux facultés
de contrôle, elle n'entrent en exercice, bien souvent, que lorsque nous les convoquons par un acte
exprès. Témoin ce savant anglais, dans un cours :
il prend un flacon et annonce que l'odeur du
contenu est très odorant; il le débouche et la
presque totalité des assistants témoigne qu'elle
perçoit l'odeur; quelques personnes même se
lèvent pour quitter la salle; or, la fiole ne con-
tenait que de l'eau pure.

L'idée qu'on peut rougir fait monter le sang aux joues. La peur d'être maladroit paralyse et rend gauche.

On suit un sentier étroit sans difficulté ; si, à un moment donné, il se continue par une planche jetée en travers d'un cours d'eau, sans garde-fou, on éprouvera une grande peine à la franchir, parfois même le vertige nous en empêchera. Quelle différence avec le sentier ? l'idée qu'il y a un vide et que l'on peut tomber. Cette idée enlève l'assurance et tend à réaliser la chute considérée comme possible.

La psychologie si spéciale des foules ne s'explique pas autrement : l'idée suggérée est acceptée sans contrôle et s'impose tyranniquement. Concluons, avec M. Eymieu : 1º Toute idée, dans toute conscience, tend à provoquer l'acte ; 2º l'influence des idées introduites dans la conscience se prolonge jusqu'à ce qu'elles aient été effacées par une idée plus forte ; 3º l'idée se développe, non seulement par une évolution intime vers l'acte correspondant, mais encore, par une association avec les idées et les phénomènes psychologiques connexes, vers un ensemble ordonné, une adaptation, un système qui devient, quand il va jusqu'au bout, la synthèse mentale, la conscience organisée, l'expression actuelle du moi.

Pourquoi *l'idée tend-elle à l'acte?* « A la connaissance spirituelle correspond la volonté libre,
mais à la connaissance sensitive correspond l'appétit fatal. Or, dans l'homme, toute idée se mé-
lange de sensation : voilà pourquoi toute idée en
lui provoque fatalement une poussée de l'appétit
vers l'acte correspondant ». (Eymieu).

Avec cette conception, on comprend mieux
qu'une idée se réalise d'autant plus rapidement
et plus énergiquement, qu'il s'y mêle plus de
sensations, que les sentiments s'y associent davantage; on dit alors que l'idée s'incarne, qu'elle
s'échauffe.

L'homme a donc le pouvoir d'accepter une idée
ou de chercher à l'acquérir afin d'accomplir l'acte
correspondant. Bien plus, il pourra, par de considérations multiples, y ajouter des sentiments
qui pousseront davantage à l'action.

Si l'on me dit : il a plu hier, cette idée est
froide, ne m'incite pas à agir. Mais si je considère
que la pluie a été torrentielle, qu'elle a pu faire
déborder un cours d'eau et que mes enfants cou-
rent peut-être un danger, je m'émeus et prendrai
des dispositions pour y parer selon mon pouvoir.
Voilà un exemple d'une idée qui a réveillé en moi
des sentiments, qui a excité mon être sensitif,
et qui tend dès lors beaucoup plus à l'acte.

L'acte, en lui-même, fait naître l'idée. Si je me

mets à genoux, les mains jointes, dans l'attitude
de la prière, je serai porté à prier ou à me re-
cueillir : se rappeler le cataleptique, l'hystérique.
Donc, s'efforcer d'avoir, d'entretenir, d'incarner
les idées qui correspondent aux actions que l'on
veut accomplir, en passant par les sentiments
adéquats. Inversement, il nous faut chercher à
exécuter les actions capables de donner les idées
que l'on veut avoir, d'engendrer, puis de développer les sentiments que l'on désire cultiver.

Enfin, dans certaines circonstances, *agir comme
si l'on avait réellement les sentiments et les idées
que l'on désire avoir*. Cela paraît friser l'hypo-
crisie : oui, si l'on se propose seulement pour but
d'en imposer aux autres; mais si, sincèrement,
à part soi, on ne songe qu'à s'éduquer soi-même,
se perfectionner, il n'y a, dans cette conduite,
rien que de parfaitement légitime, un moyen
puissant d'éducation de soi-même.

Par exemple, j'ai un frère pour lequel j'éprouve
de l'antipathie très marquée. Dois-je la laisser
s'étaler et la manifester à tout propos? Évidemment non; il me faut la réfréner et chercher à
la changer en sympathie. M'est-il défendu de
faire comme si ce frère m'était sympathique; de
chercher à lui être agréable, de lui rendre service à l'occasion? Au bout de quelque temps, ces
actes de sympathie me coûteront de moins en

moins, j'en prendrai l'habitude, et ils finiront
par substituer l'affection vraie à mes mauvais
sentiments antérieurs. Qu'y a-t-il de répréhensi-
ble dans cette manière d'agir?

Technique. — La rééducation psychique se ba-
sera, tout naturellement; sur les principes que
nous venons de poser, et sur les considérations
que nous avons émises. Ce sont tout particulièrement les psychasténiques qui sont appelés à en
bénéficier le plus; mais la classe des psychasthéniques est innombrable « *quam nemo dinu-
merare poterat* »; elle s'étend des hystériques
jusque, y compris, beaucoup de soi-disant normaux.

Le médecin s'efforcera d'élargir le champ de
conscience des hystériques, en éveillant des idées
plus nombreuses. Il s'appliquera à exercer les
facultés de contrôle, à rappeler leur usage plus
fréquemment, à développer l'auto-critique; il
combattra, par le raisonnement, les idées fausses,
les erreurs de raisonnement; démontrera l'ina-
nité des préjugés. En faisant admettre des idées
justes, il poussera aux actes bons et utiles; il
excitera des sentiments nobles, généreux et puis-
sants. Inversement, en faisant accomplir certains
actes, il fortifiera les sentiments féconds et sus-
citera les idées qu'il désire voir occuper le psychisme de son malade. Les idées, les états affec-

tifs et les actes forment les anneaux d'une chaîne fermée : il suffit d'agir sur l'un des trois groupes pour que les autres suivent, tant leur influence réciproque est étroite. On luttera ainsi avantageusement contre la *misère psychologique* de l'hystérie et la *faiblesse psychologique* du psychasthénique. Cependant, il ne faut pas être absolu, ce serait aller contre les faits observés, rien dans la nature n'étant pur, exclusif, au contraire, la complexité étant la règle; tout en faisant la rééducation psychique, calquée sur les pratiques de l'éducation, et dirigée d'après les principes psychologiques que nous avons placés à la base, nous obéirons aux indications somatiques et nous donnerons aux troubles de l'organisme matériel les soins qu'ils réclament en restant dans la juste mesure. Partageant les idées du Dr A. Deschamps nous verrons, chez le psychasténique, de la faiblesse psychologique évidemment, mais aussi un trouble dans la production des énergies vitales, dans leur distribution et dans leur utilisation.

En résumé, rééducation psychique, isolement, au besoin repos au lit et modification quantitative et qualitative du régime alimentaire; enfin usage des ressources thérapeutiques avec discrétion et discernement, tout doit concourir au but.

Rééducation motrice.

Tous nos mouvements un peu complexes sont appris, sauf les mouvements réflexes et ceux qui correspondent à certaines fonctions organiques comme la miction, la défécation, que nous rangeons dans les actes instinctifs. Certains auteurs considèrent ces derniers comme acquis par l'éducation de l'espèce au cours de son évolution. Cette opinion, très séduisante au premier abord, ne nous paraît pas fondée sur une observation bien rigoureuse; en effet, tout ce que nous connaissons de positif tend à nous imposer la croyance probable à la fixité des espèces, donc à la persistance de leurs caractères, de leurs fonctions en général. Depuis que l'homme observe des oiseaux, il les voit bâtir leurs nids suivant la même manière; les abeilles construisent toujours leurs alvéoles d'après les mêmes plans très savamment dessinés, ce qui supposerait, chez elles, de savants géomètres ou mathématiciens, si l'on n'admet pas l'instinct donné par un Être supérieur, par un Créateur.

Nos mouvements un peu compliqués sont donc, en général, des mouvements appris par l'individu; cependant nous pensons, en nous basant

sur l'observation, que l'espèce subit une certaine
éducation, c'est-à-dire que les individus, par atavisme, apportent en naissant des dispositions plus
grandes à s'éduquer, mais rien de plus. Parmi
les mouvements que nous apprenons, les uns sont
acquis par l'imitation (imitation simiesque) des
mouvements que nous voyons exécuter autour de
nous et par l'accumulation spontanée à tout
instant, des phénomènes qui nous impressionnent; la marche rentre dans cette catégorie.
D'autres fois, tout nous est appris par un maître :
l'escrime, la danse. Enfin, les autres mouvements
sont le résultat de l'intervention de ces deux mé-
canismes à la fois : telle est l'acquisition du langage articulé.

Nous sommes éduqués sur tel ou tel point,
lorsque les divers mouvements qui constituent
l'acte s'accomplissent automatiquement et que le
mécanisme est devenu si parfait que l'excitation
ou l'évocation d'une seule image de la série ou
du bloc entraîne sans hésitation, sans retard, le
déclanchement de l'acte tout entier, nous ne sau-
rions trop y insister.

On peut objecter que les conditions ne sont plus
les mêmes que pour l'éducation d'un enfant
normal. Sans doute il existe des différences, mais
il est permis d'essayer, par une direction méthodique, de développer ou corriger les centres ner-

veux anormaux, ou du moins de s'adresser aux
centres voisins et créer, par là, des suppléances,
ce que l'observation journalière nous montre juste
et équitable. L'aphasique ne réussit-il pas à suppléer parfois le centre d'articulation motrice détruit? le sourd-muet remplace son ouïe absente
par la vue; chez l'aveugle l'ouïe, le toucher, possèdent une acuité, une perfection que nous ne
pourrions imaginer si nous ne les avions cons-
tatées.

Il faut toujours se rappeler ces trois conditions
très connues : 1° les lésions organiques sont
habituellement moins étendues que ne le font
supposer les troubles manifestés; 2° le système
nerveux est susceptible de rendre des services
extraordinaires, car ses diverses parties se complètent et se suppléent avec une grande facilité;
3° si les images emmagasinées dans notre esprit
possèdent un pouvoir moteur sur lequel nous
avons insisté, il est vrai de dire que, inversement,
les attitudes sont susceptibles de réveiller parfois
les images correspondantes : chacun sait l'influence de l'attitude sur le recueillement de l'esprit, pour ne citer que cet exemple.

Ataxie locomotrice.

L'ataxique a marché comme tout le monde, et

les images motrices de la progression lui ont été
longtemps familières. A partir d'une certaine
époque, la marche s'est troublée progressivement.
Pourtant ses muscles peuvent se contracter aussi
vigoureusement qu'autrefois et ses articulations
fonctionnent très bien ; mais les contractions
musculaires sont désordonnées, disproportionnées
avec le but : les jambes, lancées trop haut pour
la marche en terrain plat, retombent lourdement
sur le sol ; elles sont jetées à droite ou à gauche,
s'embarrassent les unes dans les autres ; le tronc
est le siège de mouvements inquiétants pour la
conservation de l'équilibre ; parfois même, la
chute peut survenir. Au repos, tout va bien, mais
le moindre mouvement est désordonné, ataxique.

Les muscles ont conservé leur force, mais à
cause des anesthésies de la surface cutanée, certaines impressions ne se font plus sentir ; les
images motrices correspondantes finissent par
être négligées, enfin oubliées ; en même temps, le
sens musculaire qui nous renseigne sur la force,
la direction, puis l'adaptation des mouvements,
ne recevant plus les excitations ordinaires, cesse
de remplir son office, au point que, dans l'obscurité ou sous ses couvertures, dans son lit, le
tabétique perd ses jambes, c'est-à-dire ne se rend
plus compte de leur position et cela, parce qu'il
n'a plus la sensibilité habituelle, et qu'on sup-

prime ainsi le secours de la vue devenue nécessaire.

En effet, quand l'œil intervient, le malade ne
commet plus ces erreurs, il rectifie, dans une
certaine mesure, l'incoordination de sa marche ;
bref, quand il y applique toute son attention,
comme le bébé qui commence ses premières en-
volées, l'ataxique se corrige plus ou moins. « Il
suffit à ces malades, en effet, de faire effort,
d'oublier ce qu'ils croient savoir et de tendre
leur esprit en vue de l'exécution d'un mouvement
nouveau et difficile pour réussir, par ce moyen,
à accomplir comme tel, avec régularité, un mouvement très simple dont le mécanisme, auparavant familier, a disparu de la mémoire[1] ».

Il est donc légitime de chercher, par la rééducation, à remplacer les éléments nerveux défi-
cients, par d'autres fibres et cellules, chez lesquelles on développe une adaptation nouvelle
chargée de suppléer celle qui a disparu.

Technique. — Les exercices auxquels on soumet le malade ont pour caractéristique de mettre
en jeu l'adresse et non la force musculaire du
malade. Il est facile d'imaginer qu'ils doivent
être variés à l'infini suivant le degré de la maladie, les muscles atteints et le genre d'incoor-

1. M. FAURE, Conférence à Lamalou.

dination. Nous donnerons quelques types, pour plus amples détails nous renvoyons aux traités publiés sur la matière.

A. — Contre l'incoordination des membres inférieurs et du tronc. — 1° Le malade étant couché, dans la résolution, lui faire exécuter extension, flexion, adduction, abduction des orteils, puis de chacun des pieds séparément et ensuite simultanément des deux; de chacune des jambes d'abord des deux ensuite; plus tard, porter un talon sur le genou opposé.

2° Faire asseoir et relever lentement le patient sur un siège, avec aide d'abord et sans aide ensuite. Il se tiendra debout, les jambes écartées, soutenu par un aide ou des barres parallèles, puis il rapprochera peu à peu les pieds; ensuite, mêmes exercices, sans soutien. Fléchir les genoux et se redresser, c'est-à-dire s'accroupir et se relever.

3° Avancer un pied et le retirer, recommencer avec l'autre; essayer les mêmes exercices en arrière; plus tard, faire un pas en avant, au commandement, puis deux, avec un soutien, ensuite, sans soutien. Quand la marche sera réapprise, s'essayer à marcher droit, à monter, à descendre une pente, un escalier; se retourner au commandement, marcher à reculons, courir.

B. —Contre l'incoordination des membres supérieurs. — Mouvements simples des doigts, des mains comme pour les orteils et les jambes. Faire suivre, sur un tableau noir, une ligne tracée, et cela avec de la craie tenue par le malade; ce sera pour lui un moyen de contrôle des progrès réalisés ; on compliquera de plus en plus la ligne à suivre. Mettre le doigt dans un trou isolé, puis dans un trou au milieu d'autres. Attraper au vol une balle suspendue à un fil.

C. — Contre l'incoordination d'un certain nombre d'appareils. — 1° Tout particulièrement contre les crises laryngées, si pénibles dans le tabes : Inspiration lente, profonde, suivie d'expiration prolongée, en soutenant un son le plus longtemps possible.

Nous avons, dans notre service, une pauvre ataxique souffrant de *crises pharyngo-laryngées*, qui rendent la parole difficile et la déglutition très pénible : chaque fois qu'elle veut avaler quelque chose, c'est une opération fatigante et longue. Nous l'avons soumise à des exercices respiratoires méthodiques. Au bout de quelques jours, les repas devenaient moins laborieux et, depuis six mois, l'amélioration s'est non seulement maintenue, mais augmentée.

Les exercices, dans ce cas, ont eu pour but de discipliner les muscles synergiques du larynx et du pharynx et de les rendre plus dociles, plus aptes à entrer en coordination pour produire un mouvement intentionnel comme la déglutition. Nous avons été du simple au composé, ainsi que le pianiste qui, par les gammes monotones, se prépare à jouer les morceaux difficiles.

2° On améliore même les accidents d'incontinence ou de rétention des urines et des matières, en disciplinant les muscles du périnée par des contractions méthodiques des adducteurs des cuisses, car tous ces muscles se contractent synergiquement.

Les différents mouvements conseillés, seront exécutés passivement d'abord par le médecin ou un aide, s'il en est besoin, afin de réveiller les sensations correspondantes endormies et oubliées, puis les images motrices adéquates, afin de fournir à la volonté des éléments pour agir : toute idée veut s'actualiser, tend à sa réalisation, mais il lui faut des organes obéissants et disciplinés.

C'est alors que l'on arrivera aux mouvements actifs : par imitation d'abord, en les accomplissant devant et avec le malade, puis de mémoire.

Point important : on ne passera d'un exercice à un autre seulement lorsque cet exercice sera effectué au commandement, sans hésitation et avec une correction suffisante.

Cette gymnastique demande beaucoup de temps,

de discernement et de fermeté, mais quel gain,
pour le patient, quand il a retrouvé tout ou partie de ce qu'il pouvait faire autrefois, et même,
dans certains cas, reprendre sa vie antérieure.
Si on n'arrive pas jusque-là, l'existence est ren-
due beaucoup moins pénible, parce que les troubles sont diminués, les fonctions améliorées, et
parce que l'exercice, succédant à l'immobilité,
accroît le tonus général, active la nutrition,
assure une dépuration de l'organisme plus complète. Les fonctions organiques s'accomplissent
mieux grâce à la rééducation musculaire, la respiration se fait mieux, les bronches et le pharynx se débarrassent de leurs mucosités, les aliments ne pénètrent plus dans les voies respiratoires ; aussi ne voit-on plus aussi fréquemment
de pneumonie alimentaire, de spasme glotti-
que, d'infection urinaire.

Conditions de succès. — A. — Conditions inhérentes au sujet. — Il faut que « l'outil soit
bon, que seul le moyen de s'en servir soit oublié »
(M. Faure) ; c'est-à-dire que les os, muscles et articulations ne soient pas malades ; que la maladie
ne soit pas trop avancée ; que le cerveau soit encore capable d'attention et de persévérance ; que
l'anesthésie ne soit pas due à une névrite dé-
générative : les cordons nerveux doivent être

sains afin de pouvoir conduire, jusqu'aux centres
nerveux, les impressions éducatives exercées
à la périphérie ; la vue, dont le concours est important, devra-être ordinairement suffisante.
Notons que les résultats seront plus satisfai-
sants chez les gens habitués à la discipline, à
la surveillance d'eux-mêmes, comme les hommes de sport et les militaires. Il va sans dire
que la bonne volonté du sujet, sa confiance et
sa persévérance sont indispensables.

B. — Conditions inhérentes à l'opérateur. —
Connaissance approfondie de l'anatomie et de
la physiologie des muscles et des nerfs des diverses fonctions à rééduquer, et aussi des symptômes et des lésions correspondant aux affections
à traiter ; enfin, patience, persévérance et prudence, en même temps que conviction bien as-
sise dans l'efficacité des moyens employés.

C. Conditions inhérentes à la méthode. —
Elle doit se mouler sur chaque cas particulier. —
Exercices pas trop prolongés, une demi-heure
environ coupée de courts repos : le malade anes-
thésié ne sent pas toujours la fatigue ; en outre, ces exercices amènent une grande lassitude
cérébrale à cause de l'attention et des efforts
considérables qu'ils exigent. On s'occupera, en
même temps, de l'état psychique du malade ; par
exemple lui décrire la méthode et ses bases avec

son mécanisme, afin qu'il s'intéresse aux efforts
du médecin et lui devienne un aide, car il doit
bien savoir que « si le médecin peut beaucoup
avec lui, il ne peut rien sans lui » (Brissaud et
Meige). Par ce procédé, on arrivera à supprimer
les troubles résultant de l'auto-suggestion, de
l'incapacité fonctionnelle qui ne fait jamais défaut à un degré plus ou moins marqué. D'ailleurs.
nous avons noté que tous les troubles moteurs
sont en partie psycho-moteurs.

Paralysies.

Nous n'avons plus a faire ici, comme précédemment, à des muscles ayant conservé leur
force musculaire intacte et capables d'agir sous
l'impulsion de la volonté, mais obéissant mal
et d'une façon disproportionnée au but à atteindre; en somme, il ne s'agissait là que d'une impotence relative. Dans les paralysies, il y a
abolition ou pour le moins forte diminution de la
contractilité musculaire sous l'influence de leur
excitant normal. L'altération anatomique porte
sur le muscle, le nerf ou les centres nerveux.

La suppression de la lésion causale serait le
desideratum à remplir, mais elle s'obtient rare-
ment; on cherche à tourner la difficulté par la

rééducation, dont les effets paraissent, à priori,
fort problématiques.

Cependant, certaines observations nous permettent d'escompter d'heureux résultats de cette
méthode.

Tout d'abord on constate qu'il se produit des
suppléances naturelles pour obvier aux troubles
fonctionnels consécutifs à des lésions anatomiques : un hémiplégique réussit à marcher en portant le tronc du côté du membre sain de façon à
élever la jambe paralysée et à l'entraîner en
avant.

Dans certains cas de paralysie infantile d'origine centrale limitée à quelques muscles de la
jambe, par exemple, quand l'enfant commence à
marcher le membre reprend un certain volume
non pas parce que les muscles atteints et atrophiés
grossissent, mais parce que les autres, les voisins, s'hypertrophient pour compenser les malades ; en fin de compte l'enfant se traîne ou boite,
mais il marche.

Nous observons qu'un muscle refuse de se contracter quand il est seul excité ; par contre, il
bouge quand un groupe musculaire voisin entre
en mouvement ; cette action atteint son maxi-
mum lorsqu'il s'agit de muscles symétriques.

Souvent, à l'inverse, un muscle reste immo-
bile dans la tentative d'un mouvement systéma-

tisé et si la volonté essaie d'agir sur lui seul on constatera que la paralysie n'est pas absolue.

Après une attaque d'apoplexie, le malade hémiplégique ne se sert plus des membres paralysés. Souvent cette inactivité résulte plutôt d'une amnésie motrice (perte de la mémoire des images motrices) que d'une impotence fonctionnelle vraie : « S'étant trouvé quelque temps incapable réellement d'exécuter un acte, puis, plus tard, n'arrivant pas à l'exécuter du premier coup correctement, le malade en conclut généralement qu'il ne pourra plus désormais y réussir. Il renonce dès lors à toute tentative. A l'amnésie motrice s'ajoute l'aboulie motrice [1]. »

La rééducation dans les paralysies se propose donc de développer les suppléances, d'utiliser les synergies, de rappeler les images motrices oubliées ; on ne négligera pas d'agir sur le psychisme du malade pour corriger les tendances pessimistes si fréquentes.

Relatons entre plusieurs l'observation suivante : madame D... soixante ans, est atteinte en novembre 1907, d'une attaque d'apoplexie avec hémiplégie consécutive. La violence de l'attaque, la faiblesse et la paralysie l'obligent à garder le lit pendant quelques semaines. En

1. MEIGE. Congrès de Médecine. Paris, 1903.

vertu de l'habitude prise elle demeure couchée
durant trois mois. Après ce laps de temps elle
nous arrive à l'hôpital tout à fait impotente.

Nous examinons la paralysée et nous croyons
que son impotence est mi-partie organique, mi-
partie psychique ou d'habitude : elle a oublié les
images motrices du membre inférieur sain. Nous
lui faisons remarquer que le membre du côté non
paralysé est capable de se mouvoir, qu'il peut
supporter le poids du corps, donc, avec l'aide
d'une personne ou d'un bâton, elle marcherait,
mais qu'il lui faut un peu d'exercice pour réha-
bituer la jambe saine à remplir son ancien office.
Bref, elle se trouve dans la situation d'un blessé
dont la jambe cassée est resoudée, il possède de
quoi marcher, mais il a oublié les mouvements
nécessaires, leur coordination et leur systémati-
sation : ce qui manque ce n'est pas le pouvoir,
mais le savoir.

Grâce à nos conseils, et aussi à son intelligence
et à son énergie, au bout de huit jours elle cir-
culait comme le font les hémiplégiques, bénéfi-
ciant au physique comme au moral de la cessa-
tion de son impotence très pénible.

La technique reproduirait dans les grandes li-
gnes ce que nous avons dit pour l'ataxie, nous
n'y reviendrons pas. Il suffira d'adapter à chaque
cas les indications posées. On ne perdra pas de

vue qu'il s'agit ici parfois de malades qui ont eu des lésions inflammatoires qu'il faut se garder de réveiller ; la plus grande prudence s'impose donc. Quand la lésion sera bien refroidie, on commencera par du massage et des mouvements passifs ; les mouvements actifs et l'électricité seront employés plus tardivement.

Ces divers soins, massage, mouvements passifs et mouvements actifs, s'opposent tout d'abord aux atrophies, aux ankyloses et aux douleurs qui les accompagnent souvent ; en outre ils activent la nutrition, accélèrent la circulation et la respiration ; ils ont aussi pour résultat par conséquent d'accroître le fonctionnement des émonctoires, c'est-à-dire de s'opposer aux auto-intoxications fréquentes chez les pléthoriques, ces candidats si prédisposés à l'hémiplégie.

Les tics.

Il est très important de bien définir les tics si l'on veut arriver à un traitement rationnel c'est-à-dire efficace. La formule bien connue de Trousseau est très compréhensive, mais reste vague et ne définit pas suffisamment le trouble dont nous parlons ; d'ailleurs la voici : le tic « consiste dans des contractions, instantanées, rapides, gé-

néralement limitées à un petit nombre de muscles, habituellement ceux de la face, mais pouvant aussi en affecter d'autres, ceux du cou, du
tronc, des membres; c'est encore la tendance à
répéter toujours le même mot, la même excla-
mation et, même, l'individu profère à haute voix
des mots qu'il voudrait bien retenir. »

Depuis les travaux de Brissaud, Pitres, Meige
et Feindel, le tic est considéré comme un trouble
portant à la fois sur le système moteur et l'état
mental; c'est donc un trouble psychomoteur.

Le trouble des muscles consiste dans une ano-
malie par excès de la contraction musculaire;
le tic tonique se caractérise par une attitude
vicieuse (torticolis, trismus mental) ou contraction prolongée; le tic clonique est représenté par
des gestes brusques, contraction rapide. Il n'y a
jamais un seul muscle intéressé, mais tout un
système de muscles associés pour reproduire une
attitude, un geste déterminés qui par eux-mêmes
ne sont pas forcément grotesques; ce qui est ri-
dicule, c'est la reproduction de ce geste ou de
cette attitude sans rime ni raison et trop fréquemment. Rappelons que le tic a les caractères
suivants : mouvements systématisés, modifiables
par la volonté, l'attention, le sommeil; leur exécution est précédée d'un sentiment de besoin et
suivie d'une sorte de satisfaction.

6

Le tic, outre ses phénomènes musculaires, offre donc encore des troubles psychiques qui possèdent une grande importance au point de constituer la caractéristique spécifique des tics.

Le malade n'a pas conscience de son tic pendant qu'il se produit ; mais seulement avant et après ; et il ne peut l'empêcher. « Il y a deux hommes en lui, le tiqueur et le non tiqueur. Le premier est fils du deuxième, c'est l'enfant terrible qui cause de grands soucis à son père, celui-ci devrait sévir, mais, le plus souvent, il n'y parvient pas et reste esclave des caprices de sa progéniture [1]. » Cette description imagée, recueillie des lèvres d'un tiqueur, peint bien l'état mental de ces patients.

Le tic, en cela, tout à fait analogue à une fonction organique, s'impose impérieusement ; si l'on résiste quelque temps avec succès, bientôt il faut céder au besoin de plus en plus pressant ; après la production du tic survient un certain bien être de trop courte durée.

Pour supprimer le geste, ou corriger l'attitude qui constituent le tic, le patient se livre à des inventions de toutes sortes, trucs, paraties, gestes antagonistes, même il invente des machines parfois compliquées. Au lieu de cela, il lui suffirait

---

1. MEIGE et FEINDEL. *Les tics et leur traitement.*

de s'adresser à sa volonté, mais son psychisme modifié lui masque le véritable remède. La preuve en est qu'une distraction qui fixe l'attention ailleurs, supprime pendant sa durée la production du tic, quitte pour celui-ci à reprendre plus fort ensuite.

Il résulte de tout cela que le tic se rapproche des obsessions et des impulsions. On se rend compte par une observation attentive, de l'existence d'un trouble mental comme facteur essentiel. Prenons quelques types. Le tic de clignement par exemple a commencé à l'occasion d'une conjonctivite ; l'habitude prise a continué après la disparition de la cause et le clignement se reproduit sans que le sujet s'en aperçoive. Une idée sert quelquefois de point de départ : une personne a senti, un jour un craquement dans une articulation ; elle a craint un début d'arthrite ; dès lors elle cherche fréquemment si le craquement persiste ; bientôt le tic est créé, le mouvement s'accomplit instinctivement et à l'insu de l'intéressé. Quelquefois c'est l'imitation qui est la genèse d'un tic ; aussi faut-il empêcher avec soin les enfants d'imiter les bizarreries qu'ils se font trop souvent un malin et dangereux plaisir de reproduire pour attirer l'attention sur leur petite personne. Enfin les trucs employés pour refréner un tic peuvent eux-mêmes en engendrer d'autres.

Le tic résulte donc d'un acte conscient et volontaire au début, devenu habituel, puis automatique c'est-à-dire inconscient et involontaire. Le remède c'est, de réveiller la conscience, puis les opérations de contrôle, afin d'agir efficacement sur la volonté et non pas de s'adresser exclusivement aux troubles moteurs par des appareils d'immobilisation ou autres pratiques physiques; par ces moyens on échoue habituellement ou du moins la guérison n'est jamais persistante.

Technique. — Avant d'aborder le traitement, nous insistons sur le nombre et la durée des séances, au début se borner à cinq minutes et les répéter dans le cours de la journée; ensuite ne jamais dépasser une demi-heure.

Lorsque la guérison sera obtenue, continuer encore longtemps les pratiques destinées à maintenir en activité les facultés de contrôle, car chez le tiqueur on observe ce que l'on a appelé l'*infantilisme mental*, d'où grande tendance à retomber dans l'inattention, le défaut de surveillance et de contrôle.

Dans le traitement des tics, les agents médicamenteux usuels en pathologie nerveuse, calmants, hypnotiques, n'ont jamais produit de résultats durables. L'hydrothérapie ne constitue qu'un adjuvant capable d'influencer heureuse ment l'état général. L'électricité ne doit être conseillée qu'*à dose psychothérapique*. Le massage et la mécanothérapie bien maniés, tout en se montrant utiles, ne peuvent être que des moyens de secours. Rien de favorable à espérer de la chirurgie et des appareils orthopédiques.

« Les procédés de traitement véritablement efficaces contre les tics, sont ceux qui, rationnellement institués, tendent à obtenir une régularisation méthodique des actes psycho-moteurs, en s'appuyant sur l'éducation motrice combinée à la psychothérapie ; on peut y adjoindre l'isolement et l'alitement [1]. »

« A l'inverse des méthodes d'éducation physique qui ont pour objectif de transformer des actes voulus en actes automatiques, la discipline psycho-motrice tend à supprimer les actes automatiques et à développer le pouvoir frénateur et correcteur des centres supérieurs » (Brissaud et Meige).

Suffit-il d'attirer l'attention du malade sur la faute motrice qu'il commet en le chargeant d'effectuer lui-même les corrections nécessaires ? Mais cette psychothérapie pure n'est guère de mise chez le tiqueur dont l'état mental est infantile ou puéril ; c'est dire qu'il faut le guider

---

1. HENRI MEIGE. *Les tics in Œuv. Médico-chirurgicale*, n° 42.

comme un enfant; il est nécessaire, non seulement de lui commander de ne plus tiquer, mais surtout de le lui apprendre en le prémunissant contre le découragement facile chez lui et contre la tendance à substituer ses moyens correcteurs à lui à ceux de son médecin, j'allais dire de son professeur et de son éducateur. Comme le tiqueur doit s'habituer à exercer un contrôle vrai sur ses mouvements, le médecin multipliera les occasions de rappeler tel acte dans le champ de la conscience et d'exécuter cet acte pensé en visant volontairement le but à atteindre. Avec de la persévérance le sujet produira des actes constants, toujours nouveaux, afin d'inhiber les actes moteurs convulsifs à réprimer et afin de produire des actes moteurs corrects. C'est là le dressage, l'éducation de l'activité psycho-motrice. Le malade ne sera pas un sujet passif, plus ou moins obéissant, mais un élève actif à qui l'on « apprend à bien penser pour bien agir ; c'est un collaborateur avec lequel on travaille à l'œuvre de la guérison. »

« Ce qu'on appelle psychothérapie, dit Brissaud, n'est autre chose qu'un ensemble de moyens destinés à montrer au patient par où pêche sa volonté et à exercer ce qui lui en reste, dans un sens favorable. »

La psychothérapie est donc appelée à rendre

service aux tiqueurs, car chez eux l'état mental est toujours plus ou moins troublé : elle pourrait prendre le nom d'orthopédie mentale très
justement. Mais nous élargissons plus que Brissaud la psychothéraphie ; nous croyons qu'elle
fait l'éducation de la volonté, sans doute ; cependant, en outre, elle rééduque l'attention, étend
le champ rétréci de la conscience en rappelant,
en évoquant des images de sensations et de
mouvements négligées puis oubliées ; elle réap-
rend à faire usage d'images et d'idées qui doivent exercer une action efficace de contrôle, afin
de rectifier les jugements incomplets ou trop hâ-
tifs, partant souvent faux. L'esprit fonctionnant
plus complètement, plus attentivement, éclai-
rera et conseillera plus sagement une volonté
désemparée, celle-ci se sentant dirigée obéira
dès lors à une intelligence affermie : tel un che-
val {qui n'est plus conduit par une main sûre ;
les rênes deviennent lâches, flottantes, incer-
taines ; son ardeur faiblit, sa course se ralentit
et sa vigueur ne produit plus ce qu'elle promet-
tait.

Les moyens de réalisation de cette discipline
psycho-motrice sont nombreux. Brissaud com-
binait deux procédés : l'immobilisation des mouvements et les mouvements d'immobilisation. Le
premier consiste dans un entraînement à con-

server l'immobilité pendant un temps progressivement croissant ; le second se propose de
régulariser tous les gestes en remplaçant les
mouvements involontaires et incorrects par des
mouvements voulus et corrects. Les séances
quotidiennes d'abord s'espacent dans la suite ;
le malade cherche à prolonger de plus en plus la
durée des périodes d'immobilisation et à exécuter
avec une perfection de plus en plus grande les
mouvements commandés. Entre temps le sujet
s'applique à répéter souvent ces diverses exercices soit seul, soit de préférence sous la surveillance d'une personne de son entourage.

Oppenheim a préconisé une méthode analogue sous le nom d'Uebungstherapie (traitement
par des exercices) ; il s'efforce ainsi de développer les actes volontaires inhibiteurs.

Pitres et son élève Cruchet ont recommandé
la gymnastique respiratoire ; quand le rythme
respiratoire devient profond et régulier le tic
s'atténue. La discipline du jeu de la respiration
représente un mode intéressant et efficace d'entraînement de la volonté et de l'attention.

En utilisant l'aptitude naturelle à exécuter
des mouvements symétriques, on arrive à corriger les mouvements intempestifs du côté malade
par des mouvements corrects du côté sain : on
appelle cela, la gymnastique en miroir.

La méthode de détente s'attaque aux tics toniques où les contractions durent beaucoup plus longtemps que dans les tics cloniques : le tiqueur est entraîné progressivement à réaliser au commandement le relâchement musculaire instantané.

Le contrôle du miroir n'est pas à dédaigner ; il rappelle le patient à l'ordre quand il est seul pour se livrer aux exercices prescrits ; en reproduisant toutes les fautes du malade, il aide puissamment la bonne volonté de celui qui se livre à des efforts correcteurs et l'habitue à soumettre ses actes moteurs au contrôle nécessaire à leur parfaite exécution.

Chez les tiqueurs outre les troubles moteurs, on observe souvent des désordres dans les fonctions digestives : faim, miction, défécation et aussi des troubles du sommeil; en fortifiant le pouvoir de frénation et de contrôle de l'écorce cérébrale par l'attention que l'on rappelle sur ces fonctions, on peut développer une discipline psycho-motrice des muscles de la vie végétative et même une discipline psycho-sécrétoire; nous l'avons vu [1], l'écorce préside même au physiologisme des fonctions végétatives.

1. Suggestion et guérison de Lourdes.

Troubles du langage.

Le langage comprend trois grandes divisions;
la mimique, la parole et l'écriture.

Quand la mimique est détruite, c'est qu'il y a
des lésions organiques graves (paralysie faciale,
paralysie labio-glosso-laryngée....); la rééducation ne peut guère être recommandée; elle ne
serait indiquée que contre les perversions de la
mimique; pour cela se reporter au traitement des
tics.

L'écriture met en jeu des muscles et des images motrices particulières; on voit donc que l'é-
criture peut être troublée 1° par des paralysies
(se reporter à ce que nous en avons dit à ce sujet); 2° par un défaut de coordination des mouvements nécessaires : on se trouve donc en
présence de l'ataxie ou d'un état spasmodique :
la rééducation des ataxiques et un peu celle des
tics nous fourniront les éléments de la cure; 3°
la mémoire des images motrices de l'écriture est
perdue; on a l'habitude de faire rentrer cette sorte
de trouble scripturaire ou agraphie dans l'aphasie, d'autant plus qu'il s'associe fréquemment à
d'autres altérations du langage.

Les troubles du langage articulé se divisent en deux grands groupes : la parole est impossible ou elle est imparfaite.

L'impossibilité de parler comprend l'aphasie : le sujet a parlé antérieurement, les muscles de la parole restent sains, mais il a perdu seulement la mémoire des images motrices de l'articulation des mots, ou bien encore il s'y joint d'autres altérations du langage. Elle comprend aussi la mutité : le sujet n'a jamais parlé et dans ce cas il s'agit presque toujours de surdi-mutité ; enfin parfois cette mutité n'est pas la conséquence de la surdité, elle résulte de tares cérébrales pathologiques, ou d'un arrêt de développement.

Les imperfections de la parole sont nombreuses ; elles sont dues à des tics, à du bégaiement ou à la prononciation défectueuse de certaines consonnes.

1. — *Aphasie.*

On distinguera deux genres : l'aphasie fonctionnelle et l'aphasie avec lésions nerveuses.

L'aphasie fonctionnelle se reconnaît aisément à l'observation attentive du malade ; elle est bien d'origine mentale ; car elle est irrégulière,

intermittente; l'on voit des sujets qui sont aphasiques dans une langue et non dans une autre s'ils
sont polyglottes. La rééducation psychique se
trouve ici tout indiquée.

L'aphasie avec lésions est consécutive à une
altération des centres supérieures encéphaliques.
Nous ne citons que pour mémoire la perte de la
parole due à des modifications anatomiques du
neurone périphérique, c'est-à-dire du système
nerveux sous encéphalique, bulbe et nerfs périphériques, car ce n'est pas de l'aphasie vraie;
il s'agit le plus souvent d'affections bulbaires
graves et au-dessus des ressources de la thérapeutique.

Dans cette catégorie nous rangeons les diffi-
cultés d'articulation des mots groupés sous les
vocables de dysarthries et d'anarthries, c'est-à-
dire difficulté ou impossibilité d'articuler sans
perte ni oubli des images motrices d'articulation ;
les centres cérébraux demeurent intacts, mais
les muscles sont parésiés ou paralysés.

Dans l'aphasie typique, les organes d'articulation peuvent être indemnes, l'émission des mots
n'est donc pas impossible. Quand il y a perte de
la mémoire de l'articulation motrice des mots,
nous avons l'aphasie motrice ou aphémie; le sujet
ne peut exprimer sa pensée.

Si c'est la mémoire visuelle qui est perdue le

malade est atteint de cécité verbale; il ne peut plus lire, les mots écrits n'ont plus de sens pour lui. D'autres fois il y a suppression de la mémoire auditive : l'oreille a conservé toute son acuité fonctionnelle; les mots prononcés sont en tendus comme des bruits, mais ils n'éveillent aucune image auditive, ils ne sont plus compris, pas plus que les mots d'une langue étrangère inconnue du malade : c'est la surdité verbale.

Enfin certains patients conservent la liberté des mouvements de la main droite, sont capables de copier un texte, mais ne sauraient écrire ni leurs propres pensées, ni sous la dictée : ils ont de l'agraphie motrice, c'est-à-dire qu'ils ont oublié les images motrices de l'écriture. A côté de cette agraphie motrice il y a l'agraphie sensorielle : dans ce cas le malade peut traduire ses pensées par écrit mais il ne peut copier (cécité verbale) ni écrire sous la dictée (surdité verbale).

Il est bien établi que dans les formes motrices d'aphasie, aphémie et agraphie, le système musculaire n'est pas le siège de l'impotence fonctionnelle; et que dans les formes sensorielles d'aphasie, cécité verbale, surdité verbale et certaines formes d'agraphie, l'impotence fonctionnelle ne résulte pas d'un trouble de la vision ou de l'audition, d'un trouble sensoriel, mais d'une altération psychique, c'est-à-dire des mémoires

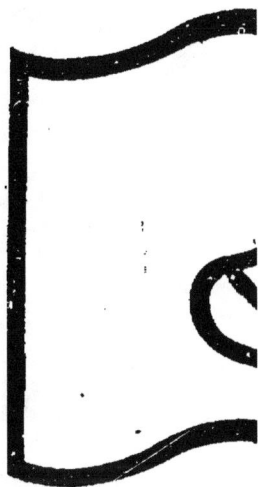

Illi

artielle

de certaines images motrices, visuelles, auditives par lésion de centres encéphaliques correspondants.

Evidemment ces formes analysées, disséquées pour la démonstration, se mêlent et se combinent de diverses manières et en diverses proportions :

La rééducation de l'aphasique peut procéder de deux façons :

Elle cherchera à réveiller la torpeur des centres endormis et à exciter leur fonctionnement. Est-ce possible? Or, il est d'observation courante que des aphasiques retrouvent momentanément des expressions oubliées, par exemple, sous l'empire d'une forte émotion, colère, frayeur ; d'autres peuvent répéter sur-le-champ les mots prononcés devant eux, mais deux minutes plus tard ils ne le savent plus.

Nous soignons une malade, trente-quatre ans, instruite, aphasique depuis cinq ans. Quand on lui montre le mot *roi*, elle cherche et finit par dire *empereur*. Pour le mot BON, elle épèle, A, B ; puis coco : car l'image motrice O est égarée, la malade ne retrouve plus que l'image de l'œuf, d'un coco, pour traduire O.

En second lieu la rééducation a le droit de s'appliquer à sur   er, à développer des suppléances dans des cen_res voisins ; en particulier elle peut espérer éduquer le centre d'articulation droit pour suppléer le centre situé dans le pied de la troisième circonvolution frontale gauche consacré à la mémoire des images motrices d'articulation des mots [1]. On voit des aphasiques arriver spontanément à retrouver un vocabulaire restreint leur permettant de se faire un peu comprendre. D'ailleurs les exemples de suppléances sont nombreux : le manchot devient plus habile du bras qui lui reste ; l'ouïe possède une acuité plus grande chez l'aveugle, comme le tact chez ce dernier acquiert une grande perfection.

Sans doute il faut compter beaucoup pour les résultats à obtenir, sur le degré de conservation ou de dégradation de l'intelligence chez l'aphasique [2].

Technique. — Elle est courte et facile à résumer : la fonction du langage articulé est une acquisition artificielle ; en elle tout est appris : le médecin ne saurait mieux faire que d'imiter ce qui se passe quand l'enfant apprend à parler : Le patient s'essaiera à reproduire des sons qu'une autre personne émettra devant lui, lentement,

---

1. — Théorie localisatrice de Broca. La localisation ne serait plus aussi certaine qu'on le croyait depuis Broca.
2. P. MARIE, in *Semaine Médicale*, 1906.

bien en face, en bonne lumière, en décomposant si l'on peut ainsi dire, afin que le malade puisse s'aider des yeux, des oreilles, exercer son sens musculaire. Le but est de regraver dans le cerveau par la répétition les images articulaires motrices perdues.

Le travail sera d'autant plus ardu et plus long que les altérations seront plus nombreuses et que le psychisme sera en même temps plus troublé.

Le patient atteint de surdité verbale, par exemple, répétera souvent à haute voix les mots qu'il entend mais qu'il ne comprend pas, il associera ainsi les mouvements d'articulation à l'audition et les deux centres cérébraux correspondants s'aideront l'un l'autre; il peut encore écrire le mot entendu, mais pour lui dépourvu de sens; là c'est le centre moteur articulaire graphique qui vient au secours du centre auditif.

2. — *Surdi-mutité*.

L'étude de la *surdi-mutité* trouverait mieux sa place à la suite des troubles de l'ouïe. Cependant cette éducation est tellement spéciale que nous nous bornerons à la mentionner. La vision est ici appelée à remplacer l'audition : le sourd-muet s'habitue à voir la mimique du parlant, à la distinguer, à la reconnaître et à rattacher les signes qu'il a appris à analyser aux sons émis et à leur attribuer la signification que nous attribuons ordinairement aux sons directement perçus. Il réussit à voir la parole ne pouvant l'entendre. (Voir les traités spéciaux.)

3. — *Troubles de la parole.*

Nous renvoyons encore aux ouvrages spéciaux.

Rééducation sensorielle.

Les sens ou organes sensoriels permettent l'exercice de la faculté de connaître le monde matériel et ses phénomènes : le goût par la langue, l'odorat par le nez, la vue par l'œil, l'ouïe par l'oreille, le toucher par toute la surface cutanée et plus particulièrement par la main.

Nous savons que les sens ne sont que des portes d'entrée des impressions extérieures, que des instruments de réception et de transmission aux centres encéphaliques, et à l'écorce cérébrale où

l'âme prend connaissance de l'extérieur; l'œil ne voit pas par lui seul, pas plus qu'un télescope ne voit, il n'est qu'un instrument. L'âme seule ne peut percevoir le dehors mais l'œil et l'âme, c'est-à-dire l'œil animé, voit, (Voir est composite). Cf. aussi l'exemple du téléphone cité plus haut pour l'audition (p. 11).

Chaque sens possède une *perception primitive* : avec le toucher on palpe, avec l'oreille on entend le son; avec le nez on sent les odeurs; mais on s'aperçoit bien vite que chaque sens fournit encore d'autres renseignements, ou *perceptions acquises*; par exemple je dis : j'entends une grosse cloche; cela résulte d'une association du son perçu par l'oreille, du volume perçu par la vue et le toucher. Il suffit ensuite de l'impression de l'un de ces trois sens, de l'oreille, par hypothèse, pour que l'association fonctionne automatiquement et que d'après le son seul je puisse affirmer qu'il s'agit d'une grosse cloche. Voilà un des résultats de l'automatisme réalisé par l'éducation.

Les sens sont donc éducables [1]. Sans doute par l'exercice les sens deviennent plus parfaits, l'œil plus pénétrant, l'ouïe plus aiguë; mais ce sont surtout les perceptions acquises dont nous voulons parler, car, si elles sont moins sûres, elles

---

1. LAHR. *Cours de philosophie.*

offrent le grand avantage de nous renseigner rapidement, à distance et sans fatigue, ce que les perceptions primitives ne sauraient faire.

Cependant les perceptions acquises sont plus sujettes à induire en erreur; c'est le rôle de l'éducation de leur donner la précision et la sûreté des perceptions primitives sans rien leur enlever de leur célérité et de leur étendue.

L'objet de cette éducation est de permettre à nos différents sens de se suppléer les uns les autres, notamment de substituer à l'emploi lent et pénible du toucher l'application rapide et facile de la vue et de l'ouïe, dont les opérations sont plus promptes et plus étendues. Plus nous multiplierons les observations et les comparaisons entre leurs données respectives, plus nous diminuerons les chances d'erreur. Le sauvage sur des traces presque imperceptibles jugera que son ennemi est passé là, combien il y a de temps, à quelle tribu il a à faire.

C'est donc bien l'éducation des sens par l'esprit; elle explique la supériorité incontestable de l'homme sur les animaux, malgré que ceux-ci soient beaucoup mieux doués que nous au point de vue des perceptions primitives.

Les erreurs sensorielles peuvent s'éviter par l'application des sens afin d'obtenir des données exactes d'abord et ensuite par une juste inter-

prétation de ces données pour en tirer des conclusions certaines. La rééducation des sens s'a-
dresse donc aux perceptions primitives, comme
aux perceptions acquises.

Ouïe.

La surdité lorsqu'elle est congénitale ou lorsqu'elle survient dans les quatre premières années
de l'existence entraîne la mutité. Plus tard, le
langage constitue une acquisition plus solide qui
ne se perd plus. L'éducation du sourd-muet, nous
la laissons de côté ; quant au sourd parlant la
seule méthode employée jusqu'ici consistait en un
palliatif, c'est-à-dire qu'on lui apprenait à lire la
parole sur les lèvres de son interlocuteur. C'était
un exemple de suppléance d'organe. L'éducateur
préside aux leçons et le sourd étudie en pronon-
çant à haute voix les sons et en observant attentivement les mouvements musculaires et la mimique dans un miroir.

Depuis quelques années là question se pose
tout autrement, sans pouvoir encore apprécier
bien exactement ce que vaut cette nouvelle méthode au point de vue pratique.

Il s'agit de la méthode de l'abbé Rousselot,
directeur du laboratoire de phonétique expéri-

mentale au Collège de France appliquée en collaboration avec le Dr Natier.

La lumière blanche que nous voyons communément, est composée de rayons de diverses couleurs ; il suffit de la faire passer à travers un prisme pour la décomposer et rendre cette complexité visible. Les sons eux aussi sont complexes ; on le démontre à l'aide de résonnateurs construits de façon à vibrer chacun à l'unisson d'un son particulier.

Ce que nous prenons pour un son unique représente en réalité un groupement sonore. Dans ce groupement, nous avons un son qui, à lui seul, lorsqu'il est entendu suffit pour évoquer le groupement tout entier ; par contre, sans lui, les autres même perçus nombreux ne donnent qu'un bruit confus : l'un s'appelle la caractéristique du son considéré et les autres les harmoniques.

L'oreille peut être considérée comme la réunion d'une série de résonnateurs. « L'un ou l'autre de ceux-ci peut être détruit, ou seulement privé en partie de son activité, sans que les voisins soient touchés ; tout un ensemble peut être détruit sans que la totalité ait subi une perte semblable ». La surdité apparente ne résulte donc pas toujours de la perte totale de l'ouïe, mais de lacunes quelquefois peu étendues, qui portent sur certains éléments importants du son. En réalité la surdité est beaucoup moins complète que l'examen habituel ne le ferait croire.

« Si une oreille malade entend suffisamment la caractéristique, même seule, la voyelle est comprise; si elle entend un des harmoniques autre que la caractéristique avec une intensité dominante, le timbre de la voyelle est changé en timbre plus aigu ou plus grave ou encore, si elle entend deux harmoniques voisins des caractéristiques des voyelles mixtes, c'est par l'une de celles-ci que le son est interprété, si enfin la sensibilité de l'oreille pour la caractéristique est exagérée, la voyelle ne sera pas comprise, mais elle pourra devenir perceptible par la diminution de l'intensité que l'on obtiendra soit en baissant le ton, soit en s'éloignant. Inutile de dire que si aucune caractéristique n'est entendue, la voyelle n'est pour le malade qu'un bruit confus et indéfinissable » [1].

L'expérience apprend que l'oreille normale offre beaucoup de lacunes : nombre de nuances de même sons, ne sont pas distinguées ou perçues; mais, par l'exercice ou l'éducation, on réussit à les percevoir plus complets et plus nombreux. La rééducation n'est donc pas une chimère puisque l'éducation est praticable.

1. Abbé ROUSSELOT. *Phonétique et surdité.* Paris, 1903.

Technique. — Elle est basée sur le diagnostic acoumétrique exact et sur la rééducation proprement dite.

L'examen est très important ; il faut non plus se contenter de l'épreuve auditive avec une montre et un diapason ; mais avec une série de diapasons gradués ou tonimètres basés sur ce que « une oreille saine, de valeur moyenne, entend un diapason donné à une distance donnée et pendant un temps donné ». On établit ainsi méthodiquement le tableau de l'état auditif du malade et on obtient des renseignements plus complets sur les lésions auriculaires : « Il s'agit ou bien de lacunes affectant une ou plusieurs régions isolées de l'échelle des sons, ou bien d'une diminution de l'ouïe soit totale, soit partielle dans le sens des notes aiguës ou des notes graves ». Dans le premier cas il y a lésions des terminaisons du nerf acoustique, dans le second lésions ou troubles dans les organes de transmission, tympan, osselets (articulations et muscles), fenêtre ovale.

Bref, qu'il s'agisse de réveiller la sensibilité de filets nerveux ou de régulariser la contractilité de muscles, la rééducation est appelée à rendre des services importants.

On exercera l'oreille à écouter des sons voisins de ceux qui sont perçus en variant l'intensité, la

durée, sans fatiguer le patient, en changeant
d'instruments ; surtout que les séances soient
courtes. Des exercices vocaux y seront ajoutés
par le maître, par l'entourage, par le malade lui-
même, mais en se servant des sons très simples
(a, o, ou, au, la).

Au bout de quelques mois l'amélioration de
la surdité et des bourdonnements se marque souvent. Le diagnostic exact des troubles guérissa-
bles et des incurables n'est pas toujours possible
d'emblée ; on devra faire des essais avant de se
prononcer, soit environ une quinzaine ; et on jugera mieux dès lors de ce que l'on est en droit
d'espérer.

Il ne faut pas négliger l'élément psychique
dans toute surdité, car sa part est fréquemment
plus considérable qu'on ne le croirait. Le sourd
cesse trop facilement de prêter attention aux sons
qu'il ne perçoit que péniblement ; au bout d'un
certain temps cette inattention se transforme en
une véritable aboulie auditive ou paresse habituelle de la volonté. Donc, en montrant à un
sourd qu'il entend mieux qu'il ne croit, on supprime l'élément psychique et on le met dans des
conditions meilleures de réussite.

Les succès obtenus avec la méthode Rousse-
lot-Nattier sont-ils psychiques ou au moins par-
tiellement organiques, c'est-à-dire objectifs ? cette

double hypothèse n'est pas invraisemblable. Quoi qu'il en soit, les résultats sont intéressants et peuvent rendre un réel service aux malheureux sourds.

Rééducation organique.

Est-elle possible? c'est le premier point à élucider. Il ne semble pas que nous puissions intervenir efficacement sur le jeu de nos fonctions organiques dont les mouvements sont purement réflexes et instinctifs. Cependant nous savons par un effort de volonté commander à nos besoins de miction et de défécation, du moins pour un temps. Quant à la défécation la volonté se montre parfois trop puissante, car elle aboutit à provoquer certaines constipations opiniâtres.

D'autre part toutes nos fonctions demeurent sous la dépendance de nos cellules de l'écorce cérébrale; dans l'hypnotisme on le démontre d'une façon péremptoire. L'observation nous apprend qu'une émotion violente agit sur la respiration, la circulation et même sur la digestion. Citons quelques faits; une mauvaise nouvelle apprise en se mettant à table coupe le meilleur appétit; si l'émotion se produit après manger, la digestion s'arrête et une véritable indigestion peut survenir. Où la cause a-t-elle exercé son action directe ? non pas sur les organes digestifs, assurément, mais uniquement sur l'émotivité, sur les cellules de l'écorce cérébrale; de là les effets se sont fait sentir sur les fonctions digestives. Autre exemple : une grande frayeur, chacun le sait, provoque parfois une évacuation alvine subite (diarrhée émotive). Nous avons donc prise sur le psysiologisme digestif; d'où la possibilité dans une certaine mesure de l'éduquer et par suite de le rééduquer.

Récemment Déjérine et Gauckler ont publié un travail sur « la *rééducation des faux gastropathes* » dont nous donnons la substance à l'appui de notre thèse.

Qu'il s'agisse de paralysie hystérique, de palpitations ou d'angoisses respiratoires dont la nature est manifestement émotive, qui songe à chercher une altération organique? Or pour les troubles de l'estomac et de l'intestin, les médecins « remontent jusqu'au plexus solaire, jusqu'au pneumo-gastrique, jusqu'au grand sympathique. Ils ne vont à notre sens, ni assez loin, ni assez haut. C'est aux centres psychiques supérieurs, seuls coupables en la matière, qu'il faut s'adresser ». Il peut y avoir des symptômes objectivement constatables : dilatation d'estomac, spasme pylorique, modification du chimisme stomacal, mais en s'appuyant sur l'adage « *naturam morborum curationes ostendunt* » on a le droit de substituer à une pathogénie locale une pathogénie psychonévrotique, psychomotrice, ou psychosécrétoire du plus grand nombre de ces symptômes chez une majorité de malades. La triade classique — isolement plus ou moins complet, psychothérapie, rééducation — trouve là très bien sa place; mais nous croyons que la méthode s'applique aussi aux faux gastropathes. Nous insistons sur leur rééducation, laquelle consiste à ramener les malades d'une alimentation qualitativement et quantitativement restreinte, souvent jusqu'à friser l'inanition, à un régime normal et parfaitement toléré.

Le régime adopté par les faux gastropathes s'est établi peu à peu, par étape, chez des déprimés, chez des neurasthéniques, consécutivement à une paresse de s'alimenter et à des erreurs d'interprétation, et aussi par éducation (lectures, consultations médicales, auto-suggestion). Le malade conserve dans son alimentation non pas les aliments qui lui plaisent le plus, mais ceux qui lui répugnent le moins, et ceux qui nécessitent le moins d'effort de mastication et de déglutition, en un mot ceux qui réveillent au moindre degré l'idée psychique de l'alimentation. Ajoutons à cela la notion de quantité : le sujet se croit assez nourri dès les premières bouchées.

En somme le malade arrive à ne plus supporter qu'une alimentation fade, semi-liquide, ou liquide et prise en minime quantité. Nous venons de soigner cet été (1908) un malade de ce genre qui avait pris 80 kgr de bromure de potassium dans son existence de psychasthénique. Par la rééducation nous l'avons ramené d'un petit litre de lait journalier à un régime plus copieux, plus nourrissant et plus voisin de la normale.

On désigne cet état sous le nom *d'anorexie mentale* et on comprend sous cette dénomination tous les cas d'anorexie qui ne sont liés à aucune affection organique, mais qui sont la conséquence d'un trouble psychique seulement. C'est un phénomène purement subjectif; cependant on peut se demander si l'anorexie est le symptôme initial : les malades ne mangent-ils pas parce qu'ils n'ont pas faim, ou parce qu'ils ne veulent pas manger?

Cette distinction apparait très importante, car le trouble psychique reconnaît une cause et un mécanisme différents. Le diagnostic commande la thérapeutique et il faut se bien garder de prendre une anorexie mentale pour un signe d'une affection gastro-intestinale, car une médi-

cation basée sur une erreur ne saurait donner
d'heureux résultats.

Citons, d'après Déjérine et Gauckler, les *règles générales de la rééducation diététique* des
faux gastropathes. Le régime sera modifié lentement, peu à peu ; les progrès se réaliseront pas
à pas mais régulièrement, car une marche trop
rapide court souvent à un échec et ancre le malade dans sa conviction qu'il souffre d'une véritable gastropathie.

Tout d'abord combattre l'insuffisance en aug-
mentant la quantité ; pour cela on va d'un litre
de lait à deux, trois, quatre litres par jour en
y mettant le temps. Le malade, tolérant bien
cette dose, augmentera de poids. Quand le résultat sera net, le montrer au malade qui ne
pourra le nier et qui dès lors se trouvera con-
traint d'admettre la réalité des effets de la rééducation commencée.

On luttera ensuite contre les préventions con-
cernant la qualité malgré les répugnances du
patient.

Il s'agira de parcourir le chemin inverse de celui qui a été suivi dans l'installation des troubles,
il faudra donc éviter que le malade prenne conscience d'un effort alimentaire à fournir, notamment de toute difficulté de la mastication et de la
déglutition. On donnera des aliments semiliqui-

des, peu sapides : œufs, bouillies, légumes, viandes hâchées non assaisonnées. Bientôt on arrivera à la côtelette et au beefsteak. Il se produira de temps en temps des rechûtes ; on tournera la difficulté en présentant le même aliment sous une autre forme.

Enfin en s'appuyant sur les résultats même de la rééducation, on fera de la psychothérapie, complément indispensable de la cure.

Rééducation respiratoire.

Il semble *a priori* que l'acte respiratoire est instinctif et que l'on peut se passer de maître en pareille matière. Le nouveau-né, cependant, parfois ne respire pas ; il lui faut une excitation anormale pour déclancher la première inspiration. Les enfants et les adultes ne savent pas tous respirer normalement, c'est-à-dire utilement et avec le meilleur rendement. L'éducation même ici se montre souvent nécessaire et la gymnastique respiratoire s'impose impérieusement à l'attention du médecin et entre de plus en plus dans la pratique médicale ; mais, dit le Colonel Amoros : « La gymnastique est la science raisonnée de nos mouvements, de leurs rapports avec nos sens, notre intelligence, nos sentiments, nos

mœurs, et le développement de toutes nos facultés [1] ». Quand on parle de gymnastique respiratoire, on entend donc l'exercice raisonné, méthodique d'une fonction et son adaptation à un
but parfaitement déterminé. D'après Maurice
Faure [2] : « Beaucoup d'entre nous qui n'ont jamais
appris à distinguer un mouvement d'un autre
mouvement, dont l'œil n'a pas subi cette éducation spéciale qu'ont seuls les instructeurs
d'hommes et ceux que leur propre goût a pous-
sés vers l'étude des sports, ne verront point quelles nuances multiples séparent le mouvement
exécuté par le gymnaste compétent, d'un mouvement identique exécuté par celui que sa culture
et son entraînement n'ont pas minutieusement
préparé à la compréhension et à l'exécution du
geste qui guérit ».

L'acte respiratoire est de première importance, car il fournit l'oxygène, c'est-à-dire le
comburant qui permet d'utiliser les aliments in-
gérés en libérant les énergies qu'ils renferment.
C'est le rôle de l'inspiration : ce temps doit donc
s'accomplir largement, pleinement, afin de fournir le plus d'air possible. Son rôle consiste aussi
à ventiler tous les alvéoles pulmonaires plusieurs

1. *Presse médicale*, 1908, n° 29.
2. Cité par GUERMONPRE7. *Gymnastique respiratoire.*

fois le jour en ne laissant aucun point mort ou stagnant. On fait ainsi plusieurs *repas d'air* dans la journée en pratiquant des inspirations lentes et profondes méthodiquement à des temps réglés.

Le deuxième temps est représenté par l'expiration qui a pour but de débarasser les poumons de l'air usé, chargé de produits inutiles ou même dangereux. La perfection avec laquelle elle s'accomplit, commande l'inspiration suivante en la préparant, en lui faisant de la place. Il faut par-conséquent faire de temps à autre des aspirations et des inspirations profondes, amples, longues, si l'on veut assurer une alimentation aérienne suffisante à l'organisme.

Encore plus, le rythme respiratoire plein, ample, régulier, exerce une influence des plus favorables sur les mouvements des membres supérieures et aussi sur l'intensité des efforts quels qu'ils soient : un thorax bien développé, possédant une capacité grande, et respirant amplement, régulièrement, à fond, permet au patient d'accomplir des efforts bien plus considérables, donc beaucoup plus efficaces, sans parler de la vigueur physique laquelle atteint un degré supérieur chez le sujet qui sait respirer.

En un mot il ne doit y avoir ni insuffisance nasale, ni insuffisance thoracique, ni insuffisance diaphragmatique si l'on veut réaliser une pleine respiration, car l'insuffisance peut relever de causes anatomiques, de causes pathologiques, enfin de causes purement fonctionnelles. Le gymnaste respiratoire sera donc aussi un médecin, ou au moins il soumettra ses élèves à l'examen attentif d'un médecin.

Nous avons déjà conseillé la discipline de la respiration chez l'ataxique, afin de corriger l'incoordination des muscles de la glotte (crises laryngées). Chez le sourd-muet par exemple elle habitue le thorax à fonctionner rythmiquement et utilement dans l'émission des sons, et le besoin chez lui se fait sentir de ce dressage phonatoire de l'appareil respiratoire; enfin elle est utile chez le tiqueur, cette discipline a pour résultat de lui apprendre à fixer et à diriger son attention et lui donne l'habitude d'exercer un contrôle sur ses actes moteurs.

On constate encore chez un grand nombre de sujets qui ne rentrent pas dans ces trois catégories, que la fonction respiratoire ne s'accomplit pas pleinement et complètement.

La douleur consécutive à un point de côté, à un traumatisme, à une fracture de côté, à une pleurésie aiguë, a diminué pendant un certain temps l'ampliation thoracique; peu à peu l'habitude s'en est prise et se conserve même une fois que la cause a disparu.

8

D'autres fois un obstacle sur le trajet des voies respiratoires supérieures par exemple, une hypertrophie de la muqueuse des cornets du nez et surtout des végétations adénoïdes, ont réduit chroniquement la masse d'air inspiré. Si la cause a exercé longtemps son action et si le sujet a un certain âge au moment où l'obstacle inspiratoire est levé, l'amplitude respiratoire ne se développe pas toujours seule; l'éducation doit venir développer la respiration.

Enfin une certaine asthénie générale par adynamie profonde, ou une paresse des muscles du tronc entraînant des déviations du squelette, déterminent quelquefois de la faiblesse respiratoire temporaire d'abord, et permanente ensuite, car la répétition et la persistance d'un acte engendre un état habituel.

Cette respiration incomplète devient insuffisante pour entretenir un parfait état de santé; elle donne naissance à des troubles de l'hématose, à de l'anémie, à de la faiblesse générale; la circulation devient languissante dans certaines parties du poumon dont la nutrition souffre: le terrain se trouve ainsi tout préparé pour l'éclosion de la tuberculose en particulier.

La rééducation se propose d'apprendre au malade qu'il peut, qu'il doit mieux et plus pleinement respirer. Par la répétition, le patient, instruit de la manière dont il lui faut exécuter ses mouvements respiratoires, en prendra l'habitude : ce qui a été au début conscient et voulu deviendra automatique et inconscient, c'est-à-dire habituel.

Technique. — Pour atteindre ce but on fera avec lenteur exécuter des inspirations profondes, suivies d'expirations également profondes, au commandement, en comptant à haute voix. Des mouvements passifs puis actifs des bras, ensuite des membres inférieurs, s'y ajouteront, rythmés, en cadence. Le sujet se tiendra debout, ou bien couché sur le dos, ou sur le ventre; il imitera les mouvements de la natation. Le diaphragme sera exercé en faisant pousser comme pour remuer un poids lourd en maintenant quelques secondes chaque effort. La respiration doit être nasale pendant ces exercices, car c'est celle qui permet au thorax son ampliation maxima : elle est du reste la seule vraiment normale et physiologique.

Les exercices élémentaires du chant, la déclamation, la lecture à haute voix bien dirigée, constituent d'excellents exercices. Sur ce schéma, le clinicien avisé brodera à l'infini.

Les indications de la rééducation respiratoire sont constituées par la respiration incomplète et par tous les troubles subaigus et chroniques des

organes respiratoires ainsi que par les troubles
thoraciques de croissance attribués faussement
au cœur, à la sédentarité, à une nourriture insuffisante.

De l'asthme. — D'après Sænger, les accès de
dyspnée sont ici provoqués par la distension du
poumon et l'immobilisation de la cage thoracique, c'est-à-dire par une ataxie passagère de l'appareil respiratoire. Par conséquent les inspirations profondes sont inutiles et même pernicieu-
ses; le malade résistera à ce besoin instinctif; le
patient doit tout d'abord être persuadé que son
état est beaucoup plus pénible que dangereux.
On l'invite ensuite à respirer lentement, superfi-
ciellement; il comptera à haute voix, 1. 2. 3. 4,
au plus, fera une inspiration pas trop forte, il
s'efforcera surtout de respirer très régulièrement; il comptera bientôt davantage entre chaque respiration et le spasme au lieu d'être exas-
péré se trouvera peu à peu atténué.

Cette méthode aurait fourni de beaux succès
à Sænger [1].

Dernièrement chez une malheureuse bronchi-
tique emphysémateuse souffrant d'accès d'op-
pression, que rien ne calmait, j'avais remarqué
son inspiration brusque, forte, partant peu effi-

---

1. SÆNGER. *In Munch. Klin. Wochenschrift.*

cace. Après lui avoir expliqué et fait comprendre l'inefficacité de son mode d'inspiration pour satisfaire son besoin d'air, je lui ai montré la manière de respirer lentement, doucement, en cadence régulière. Bientôt elle s'est trouvée mieux, bien entendu sans que la maladie elle-même ait été modifiée par cette rééducation; dans ce cas encore le trouble fonctionnel était plus accentué que les lésions ne le comportaient.

Rééducation circulatoire.

Oertel (Terraincurorte) s'est proposé, par le mouvement, de remédier aux altérations cardiaques. Lagrange a constaté qu'une modification, même très légère, peut devenir durable par sa répétition en vertu de la loi d'accoutumance dans le fonctionnement de nos organes, d'où une méthode qui cherche à rétablir l'équilibre entre l'impulsion cardiaque, la contraction des vaisseaux périphériques, la vis à tergo, la contraction musculaire et l'aspiration thoracique solidarisées par le système nerveux.

La technique emploie le massage précordial, puis le massage général, les mouvements passifs, la gymnastique respiratoire et enfin les mouvements actifs (cure d'Oertel), en tenant compte de l'état du cœur, des vaisseaux et aussi de la force du sujet. Nous laissons aux médecins le soin de préciser les indications et les contre indications ; nous avons voulu seulement dire que même les organes de la circulation sont susceptibles de bénéficier de la rééducation.

Rééducation dans l'idiotie.

Il s'agit plutôt d'éducation par le système Bourneville, chez des sujets que les méthodes ordinaires n'ont pu développer ; en voici la formule : Conduire un enfant, incapable de marcher et de servir de ses mains, gâteux, dépourvu d'attention et ne sachant pas parler, de l'éducation du système musculaire à celle du système nerveux et des sens, de celle des sens aux notions, des notions aux idées, des idées à la moralité.

L'idiot est un enfant non développé ; là, une éducation méthodique et systématisée vient en aide à la nature insuffisante. Les résultats obtenus démontrent la vérité et la réalité des vues théoriques.

CONCLUSIONS

———

Depuis Descartes, l'homme n'était plus considéré que comme la juxtaposition de deux éléments, le corps et l'âme. Dans ce dualisme, les physiologistes se sont habitués à ne plus s'occuper que du corps qu'ils voyaient et touchaient ; il ne leur semblait pas qu'il y ait un inconvénient quelconque à scinder cette juxtaposition. Cependant, la vie physiologique ne pouvait plus s'expliquer ; après maintes hypothèses (harmonie préétablie, médiateurs plastiques...) les physiologistes ont enfin imaginé le principe vital, c'est-à-dire que la vie résultait du seul mouvement de la matière. Ce matérialisme a inspiré, dès lors, la médecine et aussi la thérapeutique.

Cependant, depuis quelques années, à la suite des études sur l'hypnotisme, sur la suggestion,

sur les névroses, on s'est aperçu que le système
matérialiste offrait des lacunes considérables et
que dans l'homme malade, comme dans l'homme
sain, il fallait à côté du corps admettre l'esprit
dont le rôle est important dans la pathologie et
la thérapeutique. Or, l'esprit est un agent imma-
tériel qui, dans l'homme, exerce une influence
indéniable. On devait donc admettre largement
l'action du moral sur le physique, de même que
l'on admettait l'action du physique sur le moral
aussi bien chez l'homme malade que chez le sujet en bonne santé. C'était un retour à la notion
de l'union substantielle de l'âme et du corps pour
expliquer le composé humain ou l'homme. Le
mens sana in corpore sano se complète par le
corpus sanum cum mente sana.

Nous sommes amenés à admettre que l'idée
tend à l'acte en passant plus ou moins par les
sensations et les états affectifs; que les actes
éveillent les idées et les sentiments; enfin que
les sentiments sont susceptibles d'engendrer des
idées et de pousser aux actes.

En développant ces considérations nous ar-
rivons à la notion que tous nos actes sont, non
pas seulement moteurs, mais aussi psycho-moteurs : dans tout acte, il y a toujours une part,
plus ou moins grande, de psychisme, même dans
ceux qui paraissent les plus matériels, tels que les

phénomènes digestifs (expériences de Paulow).

Par conséquent, la rééducation part de cette constatation (et ses succès en montrent la vérité), à savoir que le trouble fonctionnel dépasse toujours et souvent de beaucoup la lésion organique. Le psychisme et le physiologisme (physique ou matériel), s'entremêlant, s'intriquant d'une façon si intime dans tous nos actes, la rééducation efficace devra toujours être à la fois physique et psychique à des degrés divers.

FIN

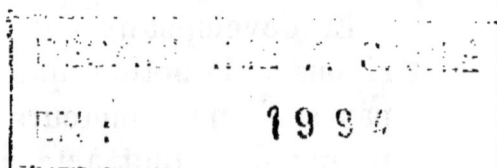

TABLE DES MATIÈRES

INTRODUCTION... I

A. — Première partie théorique. Notions psycholo-
    giques..................................... 7
    1° Genèse des idées chez l'enfant............. 20
    2° Actes moteurs............................. 26
    3° Actes psycho-moteurs..................... 34
    4° Education et automatisme................. 37

B. — Deuxième partie pratique.................... 45
    1° Rééducation psychique.................... 45
    2° Rééducation motrice...................... 66
        Ataxie locomotrice 68
        Paralysies 76
        Tics 80
        Troubles du langage.................. 90
        Aphasie............................. 91
        Surdi-mutité........................ 96
    3° Rééducation sensorielle.................. 97
        Ouïe 100
    4° Rééducation organique................... 105
    5° Rééducation respiratoire................. 110
        Asthme 116
    6° Rééducation circulatoire................. 117
    7° Rééducation dans l'idiotie............... 118

Conclusions.. 119

Imprimerie Générale de Châtillon-s-Seine. — A. PICHAT.

www.ingramcontent.com/pod-product-compliance
Lightning Source LLC
Chambersburg PA
CBHW052209270326
41931CB00011B/2279